Karl von Reinhardstöttner

Volksschriftsteller der Gegenreformation in Altbayern

Karl von Reinhardstöttner

Volksschriftsteller der Gegenreformation in Altbayern

ISBN/EAN: 9783743497443

Hergestellt in Europa, USA, Kanada, Australien, Japan

Cover: Foto ©ninafisch / pixelio.de

Weitere Bücher finden Sie auf **www.hansebooks.com**

FORSCHUNGEN
ZUR
KULTUR- UND LITTERATURGESCHICHTE BAYERNS.

HERAUSGEGEBEN

VON

KARL VON REINHARDSTÖTTNER.

Separat - Abdruck.

MÜNCHEN UND LEIPZIG 1894.
G. FRANZscher VERLAG
JOS. ROTH. KÖNIGL. U. HERZOGL. BAYER. HOFBUCHHANDLER.

Volksschriftsteller der Gegenreformation in Altbayern.

Von

Karl von Reinhardstöttner.

Treffend kennzeichnet Karl Gödeke¹) den gewaltigen Einfluß der Reformation auf das politische und litterarische Leben Deutschlands mit den Worten: „Luthers mit der Anschlagung der Thesen anhebender Kampf gab auf einmal einen zauberisch wirkenden Mittelpunkt, um den sich fortan alle geistige Bewegung und alle materiellen Kämpfe drehten." Gegner und Verfechter der kirchlichen Neuerung müssen die Richtigkeit dieses Wortes in gleicher Weise anerkennen. Ein Ringen der Geister hub an, wie es vorher selten gesehen ward. Freund und Feind rüsteten sich nach einer langen, entnervenden Ruhe zu einem Aufgebote aller ihrer Kräfte. Mag immerhin von dem Jahrhunderte der Reformation Wolfgang Menzels²) Wort gelten: „Nie, zu keiner anderen Zeit redete, schrieb und handelte man so unsauber und grob", ein großer, ja vielleicht der größte Teil dieser „unsaubern Grobheit" wurzelt vornehmlich in der innersten Ueberzeugung von ihrem Rechte, dem beide Parteien in nicht immer abgewogenen Aussprüchen zum Siege zu verhelfen dachten.

Wer die Lage der Geister vor der gewaltigen Erschütterung, welche Luthers That zur Folge hatte, erwägt, begreift leicht, wie tief die letztere in alle Verhältnisse eingreifen mußte. Zu verschiedener Entfaltung jedoch gedieh das Samenkorn in den einzelnen Teilen Deutschlands je nach dem Boden, auf den es fiel. Bayerns Vorgeschichte und mehr noch seine politische Entwickelung bis zum dreißigjährigen Kriege und während desselben war nicht dazu angethan, das Land zu einem Horte der Reformation zu machen. Zwar war man gegen die herrschenden Mißbräuche innerhalb des Klerus und der alten Kirche durchaus nicht blind, und der Ruf einer Besserung an Haupt und Gliedern erscholl in Altbayern nicht minder als in den übrigen Gauen Deutschlands. Der Gründe waren ja allenthalben genug. Man denke nur des würdevollen Ernstes, den selbst der satirische S. Brant (1458—1521) in seinem „Narrenschiff" (1494) da fand, wo er von Abgang des Glaubens spricht ³).

Eine dieser lauten Klagen wider den Klerus ließ i. J. 1521 Hanns Schwalb vernehmen ⁴), dessen Kenntnis ich einer Mitteilung des Herrn Kustos Dr. August Hartmann verdanke. Steht es auch nicht unbedingt fest, daß sein Warnruf aus dem bayerischen Oberlande kommt, so ist doch der Name der Familie und ihr Wirken in Altbayern durch Hartmann ⁵) und andere ⁶) nachgewiesen, und der Umstand, daß die Ahnen Schwalbs einst viel für Kirche und Klöster gethan hatten und dann verarmten, sodaß i. J. 1498 ein Schwalb als „ain verdorben man" erscheint ⁷), ließe es wohl verstehen, wenn Hanns Schwalb bitter jammert: (Fol. 3 b) „Od' yetz erdenckt mann vil wunder jn allen landen / Auff das man seer wallen geet / Vnd die leut vmbs gelt bringet / darumb werden grosse klöster Thumkirchen / So reich dz sie mitt dem gelt dz vnser eltern oder vorfaren gewest ist / Das sie vns das selb gelt leyhen auß / auff grosse zins dz als vnser aygen Gelt ist gewesen / Das vnser gelt abwuchert."

Ob auch die Wahrheit gehaßt ist, fühlt sich Schwalb doch gedrungen, für sie einzutreten. Huß ist allerdings verbrannt worden, und die Folge davon ist, daß jetzt in Böhmen jeder Deutsche als Ketzer gelte und via nemetz genannt wird, „das ist falscher teutsche Hund." Allein gerade das Vorgehen gegen Huß sei alles eher als christlich gewesen. „Ein hencker gehört zu dieser bekerung als Huss bekert ist worden, und nicht ein Apostel oder priester." Verfolgung der anders Denkenden ist niemals christlich und zuläßig. (Fol. 2 b) „Dannoch soll man kainen verbrennen / Juden / Türcken mit gutten werken / gelertten worten vnder weysen / vnd zum Christenglauben zihen. / Vnd nit mit fewr verbrennen welchs nit götlich od recht ist / auch soll niemantt zu vnserm glauben gezwungen werden / . . . . wz durffen wir armen hantwercks leut od' bawleut söllicher vnutzer leut als schuler schreyber Baccalarien, Magistri Doctores wann sie niemant nutz sollen sein / dann dz mann ain mit fewr solt bekeren zu glauben."

Die Zuchtlosigkeit und Unsittlichkeit des damaligen Klerus

wird den „armen, vnuerkundigen bawren" im grellsten Lichte dargestellt. Aber an vielem Unfuge ist nach Schwalb das Volk selbst schuld, denn (Fol. 3 a): „yetzund ist kain bawer wann er ain lieben sun hatt. Ehr spricht ehr ist waych ehr soll ein pfaff werden/ vnnd soll guete tag haben ehr kann nicht arbayten. Darumb wer es besser mann veriaget söllich pfaffen / die niemants nutz seind vnnd nem jn alle jre guetter/ vnd leyhents frummen gelerten leute[t]n ,' die das volck recht vnderwyssen."

Es ist dies nur eine von den vielen tausend Stimmen, welche sich im Volke für eine gründliche Kirchenverbesserung vernehmen ließen, und deren wir hier gedacht haben, weil es große Wahrscheinlichkeit für sich hat, daß dieselbe aus altbayerischem Lande erklang und sich an das Volk unseres Oberlandes richtete.

Das tiefgehende Bewußtsein einer dringend nötigen Umgestaltung der Kirche war allen Kreisen der Gesellschaft gemeinsam, und selbst der Legat des bayerischen Herzogs hatte auf dem Tridentiner Konzil noch im Jahre 1572, da doch die Spaltung schon tief gegangen war, mit seinen Klagen gegen die Kleriker durchaus nicht zurückgehalten, ja sie gerade als die Hauptursache der traurigen Lage der Kirche bezeichnet [8]). Als Luther zuerst seine Stimme erhob, waren Bayerns Regenten Wilhelm der Vierte (1508—1550) sowohl, als dessen Bruder und Mitregent Ludwig X. (1516—1545) für die Vorschläge der Reformatoren durchaus nicht taub [9]), sosehr man freilich gegen alle Glaubensneuerung war [10]). Auch Albrecht der Fünfte (1550—1579) verhielt sich anfangs nicht feindselig gegen die Anhänger der neuen Lehre, allmählich erst entzog er ihnen mehr und mehr seine Gunst. Früher schon hatte man den Fürsten die „Ketzerei" als gefährlich für die öffentliche Ruhe und staatliche Ordnung hinzustellen gewußt [11]), mit dem Ende der fünfziger Jahre wird denn auch die Abneigung des Herzogs gegen die Lutheraner fühlbarer, bis endlich eine Reihe von Vorgängen mitwirkte, um in den Verfechtern der kirchlichen Reformation wirklich zugleich Gegner der alten staatlichen Ordnung zu erblicken [12]). Albrecht der Fünfte, der doch anfänglich nicht von besonderem Eifer für die Regierungsgeschäfte beseelt schien [13]), nahm sich nun der katholischen Sache ernstlich an. An der Spitze des von Andreas Fabricius [14]) zu Antwerpen (1572) veröffentlichten „Römischen Katechismus" [15]) steht eine lateinische Anpreisung desselben, dessen Studium besonders den Klerikern empfohlen wird [16]), durch den Herzog selbst. Immer entschiedener wurde der Kampf gegen die Neuerer; war es ja doch unter den Kanzlern Albrechts des Fünften bereits ein politischer Grundsatz geworden, daß Bayerns Machtstellung auf der energischen Verteidigung des Katholizismus, seine dauernde Größe auf der Erhaltung der alten Lehre beruhe [17]). Nicht so leicht fiel es übrigens auch den einzelnen, sich mit aller Entschlossenheit für oder gegen die Kirchenverbesserung zu entscheiden. Erst ihr Fortschritt vermochte Erasmus von Rotterdam gegen sie zu stimmen [18]). Wir sehen Sebastian Franck aus Donauwörth (1499— cc. 1542) als katholischen Geistlichen im Augsburger Sprengel, als lutherischen Prädikanten in Gustenfelden bei Nürnberg, dann wieder von den Lutheranern verfolgt [19]), ein Bild des Schwankens, dessen letzte Ursache vielleicht nicht ausschließlich in Schwäche des Charakters zu suchen ist. Nicht alle hatten den Mut der Ueberzeugung, der ein Weib — Argula von Grumbach [20]) beseelte, mit dem der Amberger Sebastian Froeschl (1497—1570) [21]) oder der viel verfolgte bayerische Augustinermönch Stephan Castenbauer [22]) (Agricola † 1547) Luthers Lehre verbreitete, der Jörg Wagner [23]) zu München (1527), Lienhart Keyser [24]) zu Scherding (1527) den Scheiterhaufen besteigen ließ. Familien entzweiten sich; Spaltungen im eigenen Hause waren gewöhnlich. Castenbauers Sohn trat wieder zum Katholizismus [25]) über; das Gleiche that des Martinus Balticus Sohn, Georg, ob auch sein Vater für die neue Lehre schwere Opfer gebracht hatte [26]). Dass indessen Verfolgung andersDenkender, sowie geheime Angeberei in Altbayern nicht allzu stark um sich griffen, lag in dem biederen Sinne des oberbayerischen Volkes, den derartiges Vorgehen verstimmte [27]). Manche Einschreitung aber galt nur rohen Schmähungen, nicht abweichender Meinung [28]).

Immerhin jedoch entschied man sich in Altbayern schon frühe für thatkräftige Verteidigung des katholischen Glaubens gegenüber Luthers Lehre [29]). Als dieser zu Eisleben (1546) sein kampfvolles Leben schloß, schwankte die Wagschale noch zwischen beiden Parteien, um sich in wenig Jahren zugunsten des Katholizismus so entschieden zu neigen, daß Bayern der Hort der alten Lehre, München das vielgerühmte „zweite Rom" [30]), der Herzog der wärmste Verfechter der päpstlichen Partei wurde, als welcher dann auch der große Kurfürst Maximilian der Erste in die Reihe der Kämpfer des dreißigjährigen Krieges trat.

Als die Jesuiten in Ingolstadt und bald darauf in München

(1559) ihren Einzug gehalten, dort dauernden Wohnsitz genommen und ihren Einfluß durch Wunderwerke des Ignatius zu erhöhen gewußt hatten[81]), war der Sieg der katholischen Sache in Altbayern vollendet. Dem Bayernherzoge Wilhelm dem Fünften widmet (1586) Georg Scherer (1539—1605)[82]) seine Verteidigungsschrift des Jesuitenordens[83]), „als einem weit vnnd hochberühmbten Eifferer / deß Hauß vnnd Weinbergs Gottes", in richtiger Würdigung seiner Verdienste um den Orden der Jesuiten; und prunkhaft führt er in seinem Anhang (65—72) die „Wohnungen der Jesuiter" auf dem ganzen Erdenrunde auf. Der Jesuit Konrad Vetter († 1622)[84]) schreibt in der Vorrede zu einem seltsamen Büchlein[85]) (1614) den bayerischen Herzogen das Verdienst zu, die katholische Religion erhalten zu haben. Mit Entsetzen gedenkt Vetter, „was diser Trach (Luther) in den allerschönsten Stiften vnd Klöstern dises gantzen Lands / sowol inn Obern als Nidern Bayrn / mit seinem Trachenschwantz vn[d] Sawrüßl für eine Verwüstung vnnd Grewel würde angericht haben", hätten nicht „die hertzhafften Löwen / vnnd unbewegliche Säulen der alten Catholischen Religion / oder die durchleuchtigiste Fürsten vnnd Hertzogen von Bayrn" ihren Bestand gesichert. Für die ruhige Entwickelung der humanistischen Studien und der friedlichen Künste war dieses Fernehalten der neuen Lehre im sechzehnten Jahrhunderte in Bayern von großem Vorteile, daher auch das durch nichts gestörte Aufblühen von Kunst und Wissenschaft in dieser Zeit. Als aber die kriegerischen Stürme des folgenden Jahrhunderts über Bayern hereinbrachen, da fegten sie rasch diese Blüten einheimischen Fleißes weg, und Bayern stand am Ende des dreißigjährigen Krieges, obon weil es den Kampf um die geistige Freiheit im vorigen Jahrhunderte mitzukämpfen verabsäumte, einige Zeit schlimmer da, als viele andere deutsche Stämme, welche nach den schweren Wirren des dreißigjährigen Streites wenigstens auf die früheren Errungenschaften zurückgreifen konnten.

Die Geschichte des Ordens der Gesellschaft Jesu in Ingolstadt und München ist zugleich jene des religiösen Ringens und raschen Sieges der Gegner der Reformation. Daß man in Altbayern so ängstlich über die Erhaltung der Einheit des Glaubens wachte, bewahrte hier glücklich vor dem wiederholten raschen Wechsel des Bekenntnisses, der z. B. die Oberpfalz traf[86]). Noch im Jahre 1652 schildert ein „Glaubensgespräch" aus der oberpfälzischen Hauptstadt Amberg treffend diesen unwürdigen Zustand, indem der Laie (Idiota) beginnt, es gehen „allerley Reden vnder dem Volck, es solte die Religion allhie widerumb geändert werde[n]: darüber etliche frolocken; andere aber trawre[n] .... Ich bin vor diesem Lutherisch gewesen / vnd da man vor zwaintzig Jahren allhie reformirt, Catholisch worden. Jetzo höre ich, wir müssen alle wider Lutherisch werden ³⁷)."

Heftig allerdings wogte zwei Jahrhunderte lang auch in Altbayern der litterarische Kampf; eine Reihe rühriger Verlagsfirmen, vor allem Schobser, Nikolaus Henricus und Adam Berg in München, Sartor, Eder und Weissenhorn in Ingolstadt, Sebald Mayer in Dillingen, auch solche in Straubing und Amberg widmen sich vollständig dieser polemischen Litteratur. Ihre Verlagsthätigkeit erstreckt sich nicht bloß auf bayerische oder in Bayern wirkende Verfasser; sie veröffentlichen, was immer in ihre Richtung paßt ³⁸). Kaum ist z. B. der Gegner Luthers, der Bürgermeister zu Halle Kaspar Querhamer ³⁹), der Rache seiner Feinde erlegen (15. März 1557), so erscheint zu Ingolstadt seine Schrift gegen Luther ⁴⁰). Eine Geschichte dieser Buchdrucker, die gleichmäßig ⁴¹) von den katholischen Schriftstellern als Verleger gewählt wurden, wäre der erschöpfendste Nachweis der regen litterarischen Produktion jener kampfesmutigen Zeiten. Nicht immer freilich ist es erquickend zu lesen, mit welchen persönlichen Unbilden, mit welch derber Bitterkeit, in welch schonungslosen Worten die Gegner sich befehden. Man darf aber dabei nicht vergessen, was Gödeke ⁴²) von den Schriftstellern des sechzehnten Jahrhunderts überhaupt urteilt: „Manches erscheint gegenwärtig roh, niedrig und gemein, was damals durchaus unanstößig ausgesprochen und hingenommen wurde."

So bewegt sich denn ein großer Teil der polemischen Litteratur fast ausschließlich in persönlichen Angriffen, sodaß die Charakterbilder einzelner Vorkämpfer der beiden Anschauungen, wollte man sie aus dieser polemischen Litteratur zusammensetzen, sich recht ungünstig gestalten würden. Man scheute auch die Verleumdung nicht, die sich leider weit über das Grab hinaus erstreckte und selbst den Tod des Gegners mit Vorliebe entstellte ⁴³). Im Jahre 1586 hatte Petrus Hansonius ⁴⁴) die Jesuiten gegen „vil schmächliche Gedicht / Gemäl vnd Reymen" zu verteidigen, in denen ihnen schreckliche zu München verübte Unthaten zur Last gelegt wurden; und dergleichen „Centonouellen / Schandtschrifften vnnd Gemälden" wurden „allenthalben bei dem gemeinen Pöfel / mit grossem jubiliern vnd Gelächter, theils auch schmähen vnd schänden gelesen." Ja im Jahre 1607 (am 11. Juni) fand es sogar der Herzog für angezeigt, in einem „offenen Briefe "[46]" für die Jesuiten einzutreten: „nachdem vnlangst verwichener tägen / ain schandtliches famosgesang / vnnd ehrnrüriges gedicht / wider die würdige[n] Patres der Societet JESV allhie zu München / inn offnem Truck zu vnderschidlichen malen / vnd mit benennung etlicher Stätt / als Nürnberg / Augspurg / Lawingen / samm wann es alldorten were getruckt / so gar auch vnder dem Namen eines Buchtruckers zu Augspurg / der sich doch dessen höchlich beklaget / vnd vmb hülff vnd rettung seiner Vnschuld bey seiner Obrigkeit angehalten / spargiert vnnd außgesprengt worden". Seinem Erlasse schlossen sich „Burgermaister vnnd Rath der fürstliche[n] Hauptstatt München inn Bayrn" an, indem sie diese Verleumdungen zu widerlegen suchten und diese Schrift, wie sie erklären, „in offnen Truck aussgehen lassen / auch zu noch mehrerm glauben etlich vil Exemplaria mit vnser vnnd gemainer Statt Insigel verfertigt."

Wacker wird für die Unschuld der frommen Väter eingetreten: „Welcher Aff wollt dise batzete Läuß alle abklauben", diese Lügen, die „durcheinander fliegen vnd allenthalben anstossen als wie die Mayenkefer." Es ist der echte Volkston, in dem sich der Schluß dieses offenen Briefes „An guthertzigen Leser" — an die Massen — wendet, um die „Jesuiter" zu verteidigen, hinsichtlich welcher „schier niemandt vnwissendt" ist, daß „was sich bey Manns gedencken jnner vnd ausser des Reichs der Religion wegen verdächtlichs / auffrührerischer vnd mörderischer weiß zugetragen / das haben die Jesuiter durch jhre Räth vnd Anschläg müssen gethon haben."

Diese Volkslitteratur der Reformation und Gegenreformation nun wäre es, was ein besonderes Interesse erregen müßte. Was die Theologen und Staatsmänner, Kontrovertisten und Kirchenlehrer geschrieben und weithin verbreitet haben, die überreiche Fülle der theologischen Litteratur, der dogmatischen Erörterungen, der Lieder, das Wirken der Meistersänger, die erdrückende Zahl der gelehrten Dialoge liegt so ziemlich gesichtet vor uns, wenigstens soweit, um uns ein genugsam klares Bild des litterarischen Lebens zu geben, das die Reformation in gelehrten Kreisen hervorrief. Wir wissen ferner, wie in Bayern die Jesuiten in ihren lateinischen Dichtungen und ihrem Schuldrama [47]), das sich ziemlich selten, wie (1602) das Faschingsspiel Lutheri

Betlermandl [48]) oder, durch Luthers Streitschrift veranlaßt, das Stück von Benno (1598) [49]), aggressiv gestaltete, mehr den unbestrittenen Besitz des alten Glaubens sich zu sichern, als neue Gebiete zu erringen sich veranlaßt sahen; es ist uns endlich bekannt, wie die Prediger in Bayern weniger zu kämpfen, als vielmehr die Entsetzen der auswärts tobenden „Ketzerei" zu zeichnen hatten; was aber über die Reformation für die niederen Schichten des Volkes und aus denselben heraus geschrieben wurde, ist bei weitem nicht vollständig gesammelt. Die Darstellung der Volkslitteratur der Gegenreformation in Bayern wäre aber eine der lohnendsten Arbeiten, die freilich nur Resultat langjähriger Forschung sein könnte, einer Forschung, die sowohl nach litterarischem, als besonders sprachgeschichtlichem Gesichtspunkte hin bedeutende Ergebnisse zutage fördern würde. Daß Luther und die Mehrzahl seiner Anhänger die deutsche Sprache benützten, zwang nämlich auch die Gegner, wollten sie überhaupt auf die Massen wirken, zu ihr zu greifen. Dies kam der Ausbildung der deutschen Sprache in erfreulichster Weise zu gute. Als der frühere Freund der Reformation Johannes Cochlaeus (1479—1549), vielleicht dem Mainzer Hofe zuliebe [50]), Luthers Sache verlassen hatte, suchte er, in deutscher Sprache das Volk zu belehren. In der Vorrede zu seiner Verdeutschung eines Gutachtens der Kölner Universität [51]) sagt er ausdrücklich: „Disen außzug hab ich guter christlicher mainung gemacht / dem einfältigen völcklein zu gut / welches das latein nit allenthalben versteet / weil dann Butzer sein buch im Teutschen hat außgeen lassen /daz Volck zu ärgern/ zu betriegen / und wider die Clerisey in gemein zu hetzen / so ist es nicht vnbillich oder vnnötig/ das gegenteil auch im Teutschen dem volck fürhalten."

Der überaus fleißige Augsburger Domprediger Johann Faber (Fabri) von Heilbronn [52]), dessen umfangreiches Buch über die evangelische Messe (1555) zu Dillingen bei Sebald Mayer gedruckt erschien, widmet eine andere Schrift [53]) dem Bischof Eberhard von Eichstätt. Trotz zahlreicher lateinischer Zitate will er dieselbe gleichfalls für das Volk gedruckt haben und weist in ihr nach, daß die ganze Türkennot nur dem Schisma zu danken sei, sowie auch die Griechen unter das Joch der Ottomanen kamen, als sie „etlich artickel des Catholischen glaubens geschmecht."

Zwei Jahre später (1557), als ein „elender Nachtvogel, der trotz seiner Anonymität sich als einen Sachsen erkennen ließ, — Ab aquilone von mitnacht / daher dan kompt / wie Hieremias sagt / alles vbel — ein lasterbüchlin ... erdicht zu nachthail den Edelen Bayerland" in Bayern verbreiten ließ, da wendete sich Fabri in einem dem Herzog Albrecht V. gewidmeten Buche an das gesamte Bayerland [54]), um es vor der neuen Lehre zu warnen, und schließt sein Buch mit der eindringlichen Mahnung: „Das hab ich euch Christenlichen lieben Bayern auf das lasterbüchlin des schnöden Nachtuogels wöllen zuschreiben.... hütent euch vor den winckelpredigern / die in den wiertsheusern euch wöllen lesen auß den wannen büchlin. hüttent euch vor den Lutherischen / Zwinglischen / Caluinischen / Illyrischen etc. gifftigen büchlin ....."

Ja selbst der gelehrte Wolfgang Sedelius († 1562), Wilhelms des Vierten Hoftheolog und Alberts des Fünften Vertreter auf dem Konzil zu Trient (1552) [55]), schrieb ein vierthalbhundert Seiten langes, dem „Pfarrherrn des Fürstlichen Stiffts unser Frawen zu München" Georg Schwalb (s. S. 47) gewidmetes „büchlin" für das Volk — „dem gemainen Mann diser zeit vast nutz zu lesen [56])."

Man sieht, welche Stellung die deutsche Sprache durch Luthers That errang, als der seit 1369 auf ihr lastende Bann, daß nichts über religiöse Dinge deutsch geschrieben werden sollte, endlich fiel.

Die Fülle des Materials zeigt schon ein einziger Blick auf Panzer und Weller. Vor allem wäre das Auge des Forschers nach volkstümlicher Litteratur auf das kirchliche Lied zu lenken. Als die Reformierten begannen, demselben eine besondere Teilnahme zu widmen und ihm eine wesentliche, erbauliche Stelle in der öffentlichen und häuslichen Andacht zuzuweisen, da griffen auch die Katholiken mit neuem Eifer zu ihren alten Liedern oder dichteten deren neue [57]). Daß man mit diesen Liederbüchern bewußt dem protestantischen Gesange entgegentreten, vielleicht auch jenen, welche an dieser so erhebenden Aeußerung des reformierten Kultus Gefallen fanden, entgegenkommen wollte, geht aus den Vorreden zu manchen dieser Sammlungen hervor [58]). Einer der thätigsten Männer auch nach dieser Seite hin war Adam Walasser. In der Vorrede zu einem Tegernseer Gesangsbuch (1577) [59]) klagt er, daß „die Götlich Schrifft zusampt der heiligen

Vätter Lehr / verfelscht / verkört / daruon vnd darzu gethan worden: also ist man auch mit den Psalmen vnnd geistlichen Gesangen vmbgangen / wie auß der Secten Büchern mehr dann gnugsam erwisen kan werden." Ausdrücklich aber schließt Walasser mit den Worten: „Gebrauch dich frommer Christ dises Gesangbüchlins Got vnd seinen Heiligen zu lob vnd ehr / hüt dich vor der Ketzer Gesang vnnd Lehr."

Das Büchlein enthält eine reiche Anzahl von Liedern für die einzelnen Kirchenfeste, auch lateinische mit deutscher Uebersetzung und alte, wie das bekannte (Fol. 17a)

> In dulci iubilo,
> Nun singet vnd seit fro /
> Vnsers hertzens wunne /
> Ligt in praesepio,
> Vnd leuchtet als die Sonne /
> Matris in gremio.

Natürlich sind einzelne der hier gesammelten Lieder nur Neudrucke, wie der ganz interessante poetische Rosenkranz „in hertzog Ernst Melodey zu singen", den Sixt Buchsbaum bereits i. J. 1500 in Straubing hatte drucken lassen [60]), und der sich hier (Fol. 218—232) als „Vnser lieben Frawen Psalter" findet. Aus derselben Zeit (1576) wie Walassers Gesangsbuch und gleichfalls aus Tegernsee stammen poetische Gebete, Tischlieder und Gesänge [61]), deren einzelne polemisch angehaucht sind, wie die Verse:

> „Dem Römischen Bapst gib allzeit/
> Daß er sein böse Feinde /
> Vnd Secten vberwind im streit /
> Die in groß irrthumb seindo"

u. s. w. beweisen. Diese katholischen Gesangsbücher sind auch in Altbayern nicht selten. Im Jahre 1589 erschien z. B. bei Johannes Meyer in Dillingen ein solches „für die gemeynen Leyen" [62]), 1598 Kirchengesänge für die Jugend in Ingolstadt [63]); ein ziemlich umfangreiches „Catholisch Gesangbüchlein" druckte (1613) die Witwe Anna Berg in München [64]). Dies letztere enthält so ziemlich alle Lieder des Tegernseer Büchleins, an deren teilweiser Umgestaltung sich die nicht einmal immer zum Vorteile gereichende Aenderung der Sprache in den letzten vierzig Jahren beobachten läßt. Einige dieser Gesänge zeichnen sich ganz besonders durch zarte Innigkeit, andere durch Kraft und Wirksamkeit des Ausdruckes aus; so z. B. das „Lied vom grimmigen Todt" (S. 113):

> Der grimmig Todt mit seinem Pfeyl /
> Thut nach dem Leben zihlen :
> Sein Bogen scheust er ab mit eyl /
> Vnd last mit sich nit spilen :
> Das leben gschwindt /
> Wie Rauch im Windt /
> Kein Fleisch mag ihm entrinnen :
> Kein Gut noch Schatz /
> Findt bey jhm platz /
> Du must mit jhm von hinnen.

Der „Ruff von S. Benno", dessen Reliquien i. J. 1528 von Herzog Albert nach München geschafft wurden, ein Vorgang, der, wie eben (S. 53) erwähnt wurde, mehrfachen Streit mit Luther und seinen Anhängern zur Folge hatte [65]), giebt auch dem sonst objektiven Kirchenliede Veranlassung, „Luthers böse Lehr" zu erwähnen und zu erinnern :

> „Das gschahe gleich zu Luthers zeit
> Frew dich, S. Benno,
> Der wider jhn erweckt ein streitt,
> Alleluia, Bitt GOTT für vns S. Benno!"

Wie wirksam die Hilfe des neuen Patrons sich erwies, zeigten später mannigfache Wunder, so z. B. die Heilung der Agatha Obermayerin, an der sogar die Leibärzte Thomas Merman und Adam Faber verzweifelt hatten [66]), nebst zahlreichen Mirakelberichten, die weithin verbreitet wurden. Auch der „Rueff von vnser lieben Frawen zu alten Oetting" (S. 159) spricht die Hoffnung aus, daß der alte Glaube, „wie er vor tausent Jahren war", erhalten bleibe.

> „Der Luther vnd der Lucifer / frew dich / u. s. w.
> „Die kommen mit neuem gepler / Allel. Bitt.
> „Gott lob / sie kommen vil zuspat / frew dich / u. s. w.
> „Mit jhrem Ketzerwerk vnd Rath / Allel. Bitt.
> „Auß / auß mit jhrem Ketzer mist / frew dich u. s. w.
> „Wers mit jhn helt / der ist kein Christ / Allel. Bitt.

Dieses Münchener Gesangsbüchlein ist darum von Interesse, weil es eine ziemliche Anzahl von Liedern, nicht bloß diejenigen mit lokalem Hintergrunde, enthält, welche sich in des „Thumdechants zu Budissin" Johann Leisentrit von Olmütz (1520—1586)[67]) Geistlichen Liedern (1567, 1573), die doch Grundlage für alle späteren katholischen Gesangsbücher blieben [68]), nicht finden. So gingen auch Lieder der Gegner, wie z. B. selbst Martin Luthers [69]) „Christum wir sollen loben schon / der reinen Magd MARIE

Sohn, soweit die liebe Sonne leucht" u. s. w. (S. 7), aus Leisentrit in die übrigen katholischen Sammlungen über [70]). Nicht gering ist die Zahl der im Herzogtum Bayern erschienenen Liederbücher, deren einige, wie z. B. das 1590 in Straubing bei Andre Sommer gedruckte [71]), oft nur ein paar der beliebtesten Kirchengesänge enthalten. Zweifellos aber hängt diese neue Pflege des deutschen Kirchenliedes mit der Hebung desselben durch Luther zusammen, der ja gleichfalls die alten lateinischen Hymnen geschickt bearbeitet hatte. Zu allen Zeiten hat übrigens der deutsche Kirchengesang auch unter den bayerischen Katholiken warme Freunde gehabt [72]), ja noch im Jahre 1794 tritt Franz Xaver Terer auf offener Kanzel für denselben ein [73]) und weist den Einwurf, als gehöre er dem Luthertume an (S. 26), entschieden zurück.

An die Kirchenlieder schlossen sich die Umdichtungen einzelner Psalmen, des gesamten Psalters, der Evangelien, des Vaterunsers, des Credo und verschiedener Stücke der heiligen Schrift an. Das Münchener Gesangsbuch enthält eine kräftige Uebertragung der sieben Bußpsalmen, desgleichen das Vaterunser, das sich aber ungleich wirksamer in den Straubinger Liedern findet. Die teutsche Schulmaisterin zu Cham Magdalena Heymairin [74]) setzte (1566) die „Sontegliche Epistel" und später anderes in Verse, Joachim Meichel [75]), der Schüler und Uebersetzer Jakob Bidermanns [76]), fügte seiner Erklärung der Bußpsalmen [77]) Loblieder an den Schutzengel bei — kurz, was von gegnerischer Seite unternommen wurde, blieb auch hier nicht unversucht, und lange noch wurde in Poesie gegen die Lutheraner gekämpft [78]). Die unendliche Schreibseligkeit beider Parteien äußerte sich aber kaum auf einem Gebiete so gewaltig, wie in der Legion von volkstümlichen Dialogen, die zu sichten und zu sammeln kein geringes Stück Arbeit wäre.

Ulrich Huttens (1488—1520) Gespräche in deutscher Zunge waren das Vorbild dieser natürlich den klassischen Mustern nachgeahmten, durch das Wiederaufblühen der antiken Litteratur neubelebten Art der Darstellung [79]). Besser als das Gespräch paßte wohl auch nichts, um Rede und Gegenrede geschickt anzubringen, Freund und Feind mit einem gewissen Scheine von Unparteilichkeit das Wort zu gewähren. So wählte man dies ursprünglich gelehrte Gewand auch für die Massen, um so mehr als es an die alten Kirchenväter anknüpft. Der kampflustige

Kaspar Frank[80]) beurteilte die Vorzüge dieser Dialoge ganz geschickt, wenn er sagt: „Darzu hab ich diese Form vnd Weiß zu widerlegen / desto lieber gebraucht / weil alle Einreden besser und lustiger können fürgebracht werden / sich auch dergleichen Gesprech / etliche vralte Lehrer / als der H. Justinus / Athanasius / Augustinus, Theodoretus vnd andere gebraucht haben" [81]). Meist sind es ständige Figuren, welche in diesen populären Dialogen auftreten, so der Pastor, der Idiota, der Politicus, das Pfarrkind, der Nachbar und ähnliche. Freilich darf man nicht vermuten, daß die dialogische Form mit einer gewissen stilistischen Gewandtheit festgehalten oder gar der Versuch einer Charakteristik gewagt wurde. Bisweilen macht sich der Ton des Belehrenden breit; um, wo es gilt, aus allen Gebieten die Beweise für die aufgestellte Thesis herzuholen, vergißt der Sprechende nur allzu häufig, daß er mit seiner bogenlangen Rede an die Geduld seines Partners eine ganz entsetzliche Anforderung stellt. Darin liegt natürlich die Schwäche dieser litterarischen Erzeugnisse, ob sie ja sonst gerade zur Durchführung und Erreichung des gesteckten Zieles ungleich wirksamer als eine rein dogmatische Abhandlung sein mußten.

Umfangreich, wie bemerkt, ist die Zahl der in Bayern erschienenen, gegen die Reformation gerichteten Dialoge. Ihre bloße Aufzählung, soweit sie überhaupt möglich wäre, würde ermüden; unerläßlich aber ist ihre Kenntnis zur Darstellung der volkstümlichen Litteratur der Gegenreformation im Herzogtum Bayern. Für unsere Zwecke genügt ein Hinweis auf nur ein paar Namen.

Der hervorragendsten Schriftsteller einer ist der schon genannte Adam Walasser. Bei ihm vermengt sich Prosa und Reim, wie er überhaupt ein großer Freund des letzteren zu sein scheint. Aus dem Jahre 1560 stammt sein Gespräch: „Von dem Antichrist" [82]), dessen Verfasser nach seiner Sitte ein Verslein verrät:

Ach Gott vatter   Wach über vnns N
Durch deine güt   Auch deines sun N
Angst not vnd tod   Layt von vns f Er
Mit gnad all   Antichristisch lehR.

Zwei Reisende, Johannes, der nach Rom, Thomas, der nach Venedig zieht, besprechen sich über das Wesen des Antichrists, aus welchem bewiesen wird, daß der Papst derselbe nicht sein könne; denn er sei einig, die Gegner nicht. Es finden sich hier keine spitzigen Worte, aber auch nichts, was überzeugen könnte; das Lebhafteste ist die Einleitung:

Tho. Haha / wiltu Ablaß bei dem Antichrist hollen?
Jo. Nein / ich will beim Antichrist kein Ablaß hollen, sonder beim Bapst.
Tho. Ja das ist doch der Antichrist.
Jo. Lieber wer sagt es?
Tho. Ich sags.
Jo. Von wem hasts aber du? Wer hat dirs gesagt?
Tho. Meine Predicanten.

Nun folgt eine längere Abhandlung, ohne eigentlichen Abschluß, sodaß auch Thomas vorerst nur mit der Bemerkung scheidet: „Ich will der sachen weiter nachdencken."

Dieselbe Mischung von Poesie und Prosa weist Adam Walassers „Helm des Heils" (1571) auf[88]). Er beginnt:

Ein jeder Christ /   Die Lieb mich trieb /
Wer der auch ist /   Daß ich diß schrib:
Urthail hie frey /   Ligt nit daran /
Wölches da sey /   Obs jedermann
Die rechte Lehr /   Nit wolgefelt /
Und glaub kalm Ketzer nimmermehr. Die Wahrheit doch den preiß behelt.

Alsdann folgt „das Gesprächbüchlein. Vnderredner seind ein Euangelischer und ein Catholischer." Der Hauptsatz, für welchen der Katholik eintritt, ist der, es sei „weder gut noch von nöten / daß man einem jeden Layen erlaube in der heiligen Schrifft vmbzuwüllen, nach seinem gefallen." Der Reihe nach wird von Zälibat, Fasten, Ohrenbeichte, Papsttum u. dgl. verhandelt, ohnedaß auch dies Gespräch zu einem eigentlichen Abschlusse gebracht würde. Mit dem beliebten Hinweise auf die Zerrissenheit und Uneinigkeit der protestantischen Sekten bricht es ab.

In noch derbkräftigerer Form bringt Walasser in einem anderen Gespräche[84]) seinen Tadel zum Ausdrucke, daß „giert vnd vnglert / weib und mann / jung vnnd alt / in der heiligen Schrift vmbwüllen / wie die Schweine in einem Rübacker." Aber auch dieses volkstümliche Gespräch, das, zwischen Evangelicus und Catholicus geführt, durch seine Einleitung:

„Evang. Hörstu bruder / sag mir kanstu auch mit gutem gewissen bäpstisch sein?
Kath. Warumb nit? Wann ich nit mit gutem gwissen bäpstisch were / wolt ich wol Luthrisch werden",

mancherlei verspricht, verläuft doch wieder ohne gegenseitige Ueberredung und gelangt zu keiner Entscheidung.

Das Gleiche ist der Fall mit Georg Pomerius' Gespräch eines Lutheraners mit einem Papisten (Ingolstadt 1594[65]). Pomerius zieht hauptsächlich gegen Luthers Bibel zufelde, daß „er gantze Bücher sowol im alten als newen Testament / Gottesraub und diebischer weise darauß gemustert, vnderschlagen vnd vermauset habe."

Luthers Bibl / reckt den Gibl /
Die Augspurgisch Confession
Appollog vnd das Cordibuch
Seind krad vier Hosen von eim Tuch.

Allein trotz der stellenweise heftigen Polemik überzeugt keiner den andern. „Gelt, ich hab dir eingeschenckt", meint der Lutheraner beim Abschied, worauf der Papist erwidert: „Freylich, freylich, So gehts / wann der hinderst voran laufft!"

Im selben Jahre (1560), wo Walassers „Antichrist" erschien, übersetzte der Jurist und Theolog Johann Baptist Fickler aus Weil, der nachmalige Hofmeister des jungen Herzogs Max[66]), „zwey Christenliche, gelerte und sehr nützliche Gespräch" über die wahre und falsche Religion aus dem Polnischen des Martin Cromer (1512—1589). Das erste Gespräch (zwischen einem Hofmann und einem Mönche) beginnt ziemlich derb:

Hofmann: „Hörest du Phariseer?

Monch. Der maint mich / Es wirt freylich ein Hofjunker seyn, ein Luthrischer.

Hof. Höre Mönch / Mönch.

Monch. Ach / es ist uns Mönchen nit wol mit disen leuten / aber ich muß jm doch antwort geben. Rufft jr mir / mein Juncker.

Hofman. Du thust gleich so gehörstu nichts / vnd verstehest nichts.

Monch. Ir gebt mir ein seltzamen namen.

Hofm. Nenne ich dich nit recht : Sage an / Wann wirfstu einmal die Pharisaische Münchskutten / mitsampt deinem Aberglauben von dir / vnd nimbst das Evangelium an? Ihr habt nun dalich die Welt lang gnug am Narrenseil vmbgefürt mit ewren Bäpsten / Bischoffen vnnd Meßpfaffen u. s. w.".

Die anfänglich gereizte Stimmung des Hofmannes macht allmählich einer ruhigeren Platz. Schon nach dem Gespräche ist das Vertrauen des Hofmannes in die neue Lehre ziemlich erschüttert. Er beschleunigt die zweite Unterredung, die jedoch keineswegs mit einer vollständigen Vereinigung der beiden endet.

In die Tagesereignisse greift ein Gespräch des Kalvinisten Kuntz Knollen und des Katholiken Friedrich Böswirth ein, das (1621) in Amberg erschien[87]), und in welchem mit besonders scharfer Polemik gegen die Kalvinisten das Verhalten der Anhänger der neuen Lehre gegen den Kaiser getadelt wird. Anknüpfend an das Gerücht, die Jesuiten hätten einen Mörder gegen Mansfeld gedungen, erörtern die beiden Sprechenden ein Reihe brennender Fragen.

Selbst hervorragende Prediger und Streiter geben die Persönlichkeiten solcher Dialoge ab. Hatte Konrad Wolf Platz den Petrus Canisius und Kaspar Franck „als Colloquenten gesetzt", so ließ der letztere in seinem bereits genannten Dialoge[81]) Jakob Schmidel und Wolf Platz über den katholischen Namen disputieren. Das ganze moralische Leid der wiederholten Religionswechsel in der Oberpfalz schildert Christoph Pflaumers (1596—1655)[88]) bereits (S. 50) erwähntes umfassendes „Glaubensgespräch"[87]).

Da klagt (I, 3) der Laie sein „Elend / daß wir in der Religion also hin vnd wider getrillet werde[n] / auch wie schwer vnd vnmüglich manchen falle / mit Weib vnd Kind das Vatterland zuverlassen / Hauß vnd Hof / Freund vnd Bekanndte mit dem Rücken anzusehen / vnd der Religion halber anderstwohin sich zubegeben: vnd wie / wann mittler zeit eben an demselben Ort / da wir hinziehen wollen / die hohe Herrschafft sich auch änderte / vnd ein andere Religion angestellet wurde." Wie die einzelnen zuletzt bei einer Konfession verblieben, schildert (II, 105) der Nachbar: „Ich bin vor wenig Jahren / weil ich nit wolte auß dem Land ziehen / Catholisch worden: nun aber da der Schweden König ins Land kommen / vnd von dem Kriegsvolck die Catholische Priester verjagt / vnd gefänglich weggeführt auch an dero statt widervmb Lutherische Prediger eingesetzt worden; so habe ich auff starckes zusprechen der Prädicanten / das Lutherische Abentmal widerumb genommen. Nun wil ich bey disem verbleiben: denn es were gar spöttlich / wann ich solte so oft vmbsatlen."

Im übrigen berührt Pflaumers dickleibiges Buch so ziemlich die gesamten Streitfragen und erschöpft alle nur denkbaren Einwürfe. Die Schrift ist ein förmliches Lehrbuch der Religion und Religionsgeschichte. Seine Urteile über Luther (z. B. I, 63, 116; II, 81 ff.), besonders auch über den Inhalt seiner Tischreden (II, 82. 85 u. ö.) und seine Lehre (I, 45: das Euangelisch Gläuble macht linde Pölsterle vnder Fuß vnd Armb; aber nit das rechte vnd wahre Evangelium Christi: Das legt Joch vnnd Bürde auff den Halß), die schlimmer als der Atheismus sei (I, 58), werden nicht selten ziemlich bitter; doch aber bleibt im ganzen Pflaumer sachlicher, als die meisten Polemiker seiner Zeit.

Nicht immer jedoch kleidete man die Streit- und Belehrungsschriften, welche dem Volke galten, in die Form von Dialogen. Eine große Zahl solcher Büchlein für die Massen — und auf diese war wohl das meiste deutsch Geschriebene berechnet — nimmt sich die Mühe dieser stilistischen Einkleidung nicht. Wie sehr die in der Muttersprache abgefaßten Werke für das Volk bestimmt sind (s. oben S. 53), geht auch daraus hervor, daß einzelnes lateinisch sowohl als deutsch erschien. Als um Ostern 1629 das Gerücht verbreitet wurde, die beiden hochangesehenen Väter der Gesellschaft Jesu, der Beichtvater Max des Ersten Adam Conzen († 1635)[89]) und der Prediger desselben Fürsten Jeremias Drexel (1581—1638)[90]), seien aus dem Orden entflohen, schrieb Johannes Sisselfelder in „Zornating auff der Raiß" seine „Nova Paschalia[91])" an Agricola Suideler, die aber gleichzeitig auch, ohne seinen Namen, in deutscher Sprache[92]) erschienen und in dieser Form natürlich den Massen gewidmet waren.

So kamen schon in frühester Zeit (1525) die Streitigkeiten, welche der hochgelehrte Gegner Luthers Matthias Kraz, der von Augsburg, wo er manche Händel hatte, an die Frauenkirche nach München zog (gest. 1543)[93]), mit dem Augsburger Prädikanten Michael Keller hatte, als „Frag und Antwort" in den Druck[94]). Deutsch schrieb man, damit jedermann Einsicht habe, wie „der Kratz mit dem Keller hadert." „Wenn du nicht ain kretz werest, so werest du doch drauß erkannt," hält Keller seinem Gegner vor, ob er ihn auch sonst „geliebtester Bruder" anspricht.

Als der überaus thätige Jakob Andreae, genannt Schmidel (1528—1590)[95]), einen „Klagebrief" wider die Regensburger „Thumpredigen" des Jesuiten Konrad Vetter[94]) absandte, erwiderte dieser (1589) in deutscher Sprache[96]); denn „ein Catholischer Prediger ist darumb da / daß er Ketzerey straffen soll". (3). Auch diese Erklärung zielte natürlich auf ein weiteres Publikum ab. Nicht minder war der Streit, welchen (i. J. 1615) der bei dem Herzog in großer Gunst stehende Rektor des Jesuitenkollegs zu München P. Jakob Keller (1568—1631)[97]) mit dem Neuburgischen Hofprediger Jakob Hallbrunner (1548—1618)[98]) führte, auf die Kenntnis weiterer Volkskreise abgesehen, was die Ausgabe in der gelehrten Sprache sowohl, als in deutscher Zunge hinlänglich beweist [99]).

Einer der allerfrühesten theoretischen Bekämpfer der neuen Lehre in Bayern war der Barfüssermönch Kaspar Schatzger (Sasger, Schatzgeier), früher in Landshut, dann Franziskaner Guardian in München, wo er (nach Kobolt [100])) am 18. September 1527 in einem Alter von vier und sechzig Jahren starb. Seine zahlreichen lateinischen Abhandlungen [101]) berühren uns hier nicht, wohl aber ist zu betonen, daß die massenhaften polemischen Schriften Schatzgers ihm eine beachtenswerte Stelle unter den deutschen Volksschriftstellern der Gegenreformation anweisen und zugleich eine Fundgrube für das Studium der bayerisch-oberpfälzischen Mundart bieten, da sie jedenfalls die Sprache des damaligen Münchens treulich widerspiegeln.

Die ganze reiche polemische Thätigkeit Schatzgers in deutscher Sprache umfassen die letzten vier Jahre seines Lebens. Seine erste Schrift aus dem Jahre 1523 [102]) tritt für die Verehrung der Heiligen ein. Wenn ein Jahrtausend lang die Kirche ihre Bilder aufgestellt, Kerzen gespendet und ihre Vermittelung angerufen habe, so sei kein Grund vorhanden, diese alte Gepflogenheit jetzt mit einem Male abzustellen. Schatzger geht in diesem Büchlein nicht besonders scharf vor; er eifert nur gegen diejenigen, welche „alle gute Ding" „außreuten" und „ein newe kirch wöllen aufpawen / nach jrem willen vnd abgepildten." Als Muster seiner Sprache folge nur eine kleine Stelle aus dem hohenpriesterlichen Gebete (Johannes XVII.), die Anlaß zum Vergleiche mit Luthers Uebersetzung (1522) bietet. Sie lautet: „O heiliger vatter / behalt sy in deinem namen / die du mir geben hast. Heylige sy / in deiner warheyt / das sy auch geheyligt seyen in der warheyt. Auff das sy alle / ains seyen / alls du vatter in mir / vnnd jch in dir das sy auch in vnns / ains seyen / als vnnd wir aynigs wesenns seyn / jch zu jnen / vnd du in mir / auff das / sy volkomen seien in ains."

Bald aber wird Schatzgers Polemik schärfer, wozu ihn zunächst sein Kampf mit Schwarzenberg und dem berühmten, gelehrten und schlagfertigen Andreas Osiander (1498—1552) [103]) treibt.

Johann (II., der Starke) von Schwarzenberg (geboren den 24. Dezember 1463, gestorben den 24. Oktober 1528) hatte sein hohes Amt am bambergischen Hofe bei dem Bischofe Wigand aufgegeben und war ein glühender Anhänger der Reformation geworden [104]), als welcher er bei den Markgrafen Georg und Kasimir von Brandenburg Aufnahme fand. Sein Sohn Christoph aber (geb. den 29. Juli 1488, gest. den 9. Juni 1583) [105]), seit 1519 in der einflußreichen Stellung eines bayerischen Landhofmeisters, war ein ebenso entschiedener Gegner der neuen Lehre geblieben und trat ihrer Verbreitung in Bayern mit aller Strenge entgegen. Ein Bruder Christophs war der Domherr Paulus (gest. 18. Mai 1535), dessen gewandte lateinische Dichtungen [106]) der Landhofmeister (1538) herausgab und seinen fünf Kindern widmete. Trotz des häuslichen Zwiespaltes richtet der Domherr doch auch an seinen häretischen Vater bei dessen Tode ein Epigramm [107]).

Das Büchlein Schwarzenbergs über ein lutherisches Gebetbuch (1524) ist frisch und packend geschrieben [108]). Seine Tochter hatte ihm ein Gebetbuch zugeschickt; da er aber an demselben die Unterschrift D. Martin Luthers sah, warf er es anfänglich beiseite. Dennoch sah er es am andern Tage wieder an, was „der arm mensch der Luter pöß emitte das gut hett mögen schreiben", voll Besorgnis um seine Tochter; allein er fand viel Schönes drinnen, es glich ihm einer Apotheke — „viel süß und viel gifft." Somit konnte er es seiner Tochter nur empfehlen; sie möge den Kaisersperger und den Luther lesen. In dieser vom „letsten tag Decembris Anno 1523" gezeichneten Schrift nannte sich Schwarzenberg nicht. Keineswegs aus furcht, sagt er; „pin ain armer vom adl / hab (Got lob) vil kinder / aber noch vnbedacht der ains gaystlich (alls mans nennt) zu machen."

Indessen ließ Schwarzenberg diese seine Tochter Barbara (gest. 1535) nicht lange mehr im Kloster zu Bamberg, obwohl sie dort zu hohen Ehren gelangt war. Am Samstag nach Martini 1524 erließ er einen „Sendbrief" [109]) an den Bischof, daß er seine Tochter „auß angezaygter Tyrannischen / Teuflischen / Münchischen Gefencknuß" habe abholen lassen.

Schwarzenbergs Brief enthält nichts Verletzendes, aber sein Herausgeber, der genannte Andreas Osiander, verfährt in seiner Vorrede etwas minder glimpflich mit den Gegnern. Er tadelt „faulhait vnd müssigeung" der Mönche und fordert am Schlusse „alle frume Christliche hertzen / die in Clöstern seyn / oder kinder darinn haben (denn ich zweiffel nicht zu seyen vil / den noch zu helffen ist) sy wollen herauß geen / oder jnen heraußhelffen / auff daß sy nicht mit dem grossen gottlosen hauffen verderben vnnd zu schanden werden". In diesem Tone geht es weiter. Unterdessen verteidigte Schatzger mit Feuereifer eine Lehre der alten Kirche um die andere gegen die Reformierten. Er schrieb von der „wahren christlichen und evangelischen Freiheit"[110], bekämpfte die „Lutherische außtruckte maynung und tesste haltung" von der Möglichkeit einer neuen Ehe nach vollzogener Scheidung[111]), verfocht die Notwendigkeit guter Werke[112]) und die Unzulänglichkeit des Glaubens allein ohne dieselben[113]), trat gegen falsche Lehren über das Altarssakrament auf[114]) und schützte das Fegfeuer gegen die Reformatoren[115]).

Dabei hatte er stets die Massen des Volkes im Auge, für die er seine Lehren niederschrieb, „damit dye scheynlicher vnd mehr gerayniget dem Gemaynen Mann geoffenbart werden", wie er selber[115]) sagt. Drastisch schildert er in seiner Schrift vom Fegfeuer das Wirken der Neuerer. „Ich hab vor vil Jahren", sagt er, „gedacht, wie der Anticrist wird zu wegen prinngen das man jn werd glauben geben. Thuet mir nymmer not. Wann jch seh das yederman genaygt ist neue leer anzunemen / man darff khain wunderzaichen thun, Man darff nit gellt außgeben / dann man lässt sich gern vmbsunst verfüeren. Allain ist dienstlich darzu das man die jrrsal mit hübsch geplümten wortten auffmütz vnd die schrifft bey den har dartzu ziehe."

Trotz aller Polemik war indessen Schatzger über eine gewisse Grenze noch nicht hinausgegangen, als ihn (1525) Andreas Osiander wegen seiner Schrift über das Messopfer ziemlich heftig angriff[116]). Er nennt ihn den „elendten Parfüsser münch C. S.", den „unsynnigen münch" u. dgl. und findet, dass es nicht zu verwundern sei, wenn päpstliche Bücher wegen ihres „ungeschickten gotßlesterlichen jrrthumbs" nicht gelesen würden. Dieser Ton streifte nun bald stellenweise an denjenigen, den später (1534) Cochläus gegen die Lutheraner, die „eytel huntzpriester vnnd Sewbischoffe"[117]), anschlug, und der leider bald beiderseits Sitte wurde. Schatzger erwidert heftiger, als er sonst schreibt[118]), doch immer noch mit einer gewissen Sachlichkeit, der man die Ehrlichkeit des Wunsches, der so viele seiner Werkchen schliesst („die warheyt vberwintterin aller Ding obgesyge") gerne zutraut.

Es hat ihn „seer verdrossen / das der Sathan durch Lutherische jrrung so vil seel zu der hellen fürt / vnnd das / jn so guoter gestalt deß rechten / waren / lautern / hellen ewangeli (wie denn er vnd seine anhenger sich deß jn allen jren geschrifften berüemen". Freilich hat die Ketzerei auch ihr Gutes an sich; sie weist die falschen Propheten auf. Ein solcher ist Osiander, der sich „vnderstanden / sein maisterstück an mir zu machen ..... Ich hab yn nit vnpillich in einen andern puechlein einen hyppentrager [119]) genendt / Luther hat die holenhyppen pachen / vnd sein junger tragens in hyppenfesseren ..." So bekämpft er den „schulknecht" Luthers, den „schwartzen engel" Osiander, indem er stets erst ihn seine Lehre vortragen lässt, dann aber ihn und seinen „Abgott Luther" zu widerlegen sucht. Wohl nicht ganz mit Unrecht meint er: „Wenn Oslander mein Gott were / so würd er mich nit gedulden / wie mich Gott gedult. Ich muesst von stund an in die hell."

Auch Luthers Bibelübersetzung findet keine Gnade bei Schatzger. Wie die Juden die Bibel fälschten, „also hat auch Luther in der tulmetschung des newen testaments gethan vnd an vill örtern falschlich auf seinen jrrthumb gezogen / auch pößlein dar zu heraußen gesetzt ziehendt den text auff seinen verstandt."

So glaubt er denn, im Verlaufe seiner Schrift Osiander bewiesen zu haben, dass er „vol jrrfall ist als ein hundt jm augst vol flöch". Er habe sich als ein einfacher „hippenträger" herausgestellt, dem er leicht alle Schimpfworte zurückgeben und einen „tollen / vnsynnigen / wausinigen / gotlosen / gotzlesterer / lügner / verlüugner des wortt Gottes / Naren / thoren / zweipelnige esel / teuflischen / puebenn / ketzer" u. s. w. heissen könnte; aber er wolle niemand nennen, auch Nürnberg nicht, eine Stadt, in der ihm „vil guets / lieb vnd freuntschafft ist erzaigt worden."

Schatzger hatte kaum das Gebiet der persönlichen Polemik betreten, als ihn eine anonym erschienene Schrift, die Beschwörung der alten teuflischen Schlange [120]), zu neuem Kampfe rief. Der Verfasser des Buches wendet sich an seinen Sohn; es sei ihm ein Werkchen zugekommen, das dieser seiner verheirateten Tochter geschrieben habe; obwohl es ohne Namen sei, habe er doch seinen Sohn in demselben erkannt und leider gefunden, daß er sich „in grossen vnd treffenlichen stuken" in Irrtum befinde. Auch habe der Sohn einen Sendbrief erlassen, in dem er sich beschwerte, daß der Vater „diß Jar / den leyb und das plutt Christi / in brot vnd wein empfangen / vnd in nechstuergangener fasten drey vögel gessen hab." Dies gedruckte Buch habe der Vater mehreren bekannten, den „schwigern / geschwistergatten" und andern „vngesippten" vorgelegt und meine, daß er „kaine grössere thorheit nye" von seinem Sohne gehört habe. Der Vater, der sich u. a. auf Gerson und Occam, den Ludwig der Bayer „gehandthabt", was „deinem gesellen Schatzger nit verporgen sein kann", beruft und auf allen Gebieten wohl beschlagen ist, ob er auch die Geschichte von der Päpstin Johanna (IX b) mit ins Treffen führt, nennt seinen Namen nicht, um des Sohnes christliche Irrung zu schonen; man dürfe aber ja nicht glauben, daß er sich „seines namens geschämt" habe. Der Vater aber war der alte Johann von Schwarzenberg, der seinem Sohne, dem katholischen Landeshofmeister von Bayern, auf diese Weise ins Gewissen redete. Die Sprache ist überaus warm und atmet den Hauch innerster Ueberzeugung, besonders da, wo er sich direkt an den Sohn wendet und auch des Arsacius Seehofer (LV) gedenkt. Den hingeworfenen Fehdehandschuh hob Pater Schatzger auf, indem er gegen den „vngenannten Doctor und schreiber dieses newen puechlins" dreißig Artikel widerlegte und besonders gegen die „ausgeloffen Münch vnd Nunnen" zufelde zog [121]). Freilich ist mit dem Gegner wenig zu machen, „wann du gantz auf der Lüterischen lauten schlechst. Du hast kein neue saytten auffgezogen, wie wol du die Litterischen Saiten hertter gespant hast".

Rein dogmatisch-katechetisch ist Schatzgers Schrift über das Opfer der Messe [122]), ein Thema, das mit vielen anderen Theologen später (1555) auch Faber von Heilbronn beschäftigte [123]). Dagegen rief ihn (1526) die Irrlehre des Pfarrers Antonius Zymmerman zu Teuchern (unfern Weissenfels im Regierungsbezirke Merseburg), der in Weissenfels in der Pfingstwoche 1525 gepredigt hatte, Christus habe, als er zur Vorhölle hinabstieg, die höllische Pein gelitten, zu neuer Polemik [124]). Schatzger war ersucht worden, „aus christlichem gemuet vnd guter maynung" sein „guet beduncken vber dise materi auch zu eröffnen." Dies that er wieder in seiner Art, indem er erst Anthoni das Wort gab und dann ihn widerlegte. Der arme Pfarrer wurde wegen der Sache „gefenglich angenumen" und schrieb dann weiter eine Art Erklärung oder Protestation. Unwillkürlich erinnert man sich Heinrich Hams, der (1553) als Prediger zu Königsberg abgesetzt wurde, weil er gelehrt hatte, daß Maria Jesum „mit Weh und Schmertzen" geboren habe [125]).

Schatzgers Schrift über das Meßopfer hatte einen Nürnberger veranlaßt, „als vnerfarner laye vnnd hungerigs scheflein Christi" sich an den Münchener Pater zu wenden, dies um so mehr als er von Osiander öfter hörte, „das er mitleydung mit dem Bayerlande sol haben". Ihm erwidert denn Schatzger [126]) namens der Bayern, als eines Volkes, das sich nicht zurechtweisen lasse, „sonder in der plindthait pleybt". Seine auch gegen Andreas Bodenstein von Karlstadt († 1541) und Zwingli gerichteten Erwiderungen schließt er mit den Worten: „Du magst nun nemmen auß allen obgemellten / das die / welich bey der gmaynen kirchen pleyben / vnd pißher pliben sind haben nit verfarn / seind auch nit deß wee/sonder lobs würdig / als dann vndter anndern das Bayrnlandt ist. Deß du dich darumb nit schamen tarffest. Du magst auch erkennen das die durchleuchtigen Fürsten deß Hauß von Bayrn vnd auch ander / die gleichen ernnst haben erzaygt in widerstrebung solicher jrriger leer vnd verfolgung verkerter lerer vnd prediger / haben gethan vnd gehandelt als cristlich fürsten / darumben sy pillich gepreyßt sollen werden / vnd auf ewige gedechtnuß haben."

Eine weitere Streitschrift Schatzgers aus dem Jahre 1526 [127]) kehrt sich wieder gegen „die falsche, zerstört vnd vergiffte leer vnterm mantel Euangelischer leer" und jene Neuerer, die aus geistigem Hochmute keinem Papisten folgen, aber „dem gemeinen volck deines anhangs, das deynes leders ist vnnd mit deyner pestilentzischen sucht vergifft" ist, dienen.

Schatzgers letzte Schrift — vom Januar 1527 — ist zugleich die schärfste unter allen und gegen Johann von Schwarzenberg gerichtet [128]). Die ganze Geschichte der Vorverhandlungen enthüllt uns wieder das Bild des tiefen Risses, den die Familien unter den religiösen Kämpfen des Jahrhunderts erlitten. Es sind gewiß weltliche Rücksichten zunächst, welche dem Landeshofmeister von Bayern den Wunsch nahelegen, daß die kirchliche Anschauung seines überzeugungstreuen Vaters Johann nicht in Bayern Gegenstand erregter Streitigkeiten werden möchte. So richtet er an den kampfbereiten Barfüsserpater — wohl den einzigen, der im damaligen Bayern nach dieser Seite hin zu fürchten war, was zugleich auch für seine Bedeutung zeugt — nachstehenden verschämten Brief: „Lieber herr Gardian jch wuerd bericht / dz euch das puechlein / so mein lieber herr vnnd vatter newlich außgeen hat lassen / euch zu hännden kommen sey. Nun ist mir sollichs puechlein vorlenngst vnd ehe jch zu München außgeritten pin / zugeschickt worden. Das jch aber weder euch noch andern zaygen wöllen. Dann jch mit höchster beschwär auf sollichem puechlein / meines herrn vatters auch meinen namen vnnd da bey ettlich gemäl / gedruckt vnnd bey gelegt gesehen. Des alles (das jch mich gegen Got vnd menigklich bezeüg) ich hertzlich vnd am höchsten erschroken / wäre nichts begirlichers gewesen / vnd noch dann solichen Druck / vngeöffnet zu erhallten dz mir aber vnmöglich / vnd mueß also des außpreyttung leyden. Ist doch an euch mein sonnder vleyssig pitte / ihr wöllet ewch wider solichs zueschreiben enthallten / bedenncken das es nit ersprießlich / oder von vnnöten sein würde. Wöllet euch auch die gemäl vnd ettlich schriften (so die Ordensleut belanngen möchten) nit bewegen lassen. Denn es ist zu glauben (dieweyl dz puechlein der zeyt so mein herr vatter ausserhalb landts ist / außgangen. Auch an mer ortten lateinisch allegationes vnd wortter hat) Es sey von anndern / oder denen die vns allain das / vnd nit bessers gönnen / auf der werckstat gemert / vnn (wie man sagen möcht) vndter den henden gepösert worden etc. Wüe jr aber euch je da wider zuschreiben schulldig erkennt. So pitt ich euch doch jr wölt das allso thuen / damit jr nichtz aus gegenrach sonnder allain zu lob Got / vnd zu erhalltung seiner gespons der heyligen gemainen Cristenlichen kirchen / jnn der wir allain durch in vnsern haylandt Jesum seligkait erlangen mügen / geschrieben haben / gefunden werd / vnd got in allweg auf das vleissigist (mit sambt euren bruedern) für mich und die meinen pitten. Datum Ingoldstat in eyl den 25. tag Octobris. Anno etc. 1526."

Allein im Vollbewußtsein seiner apostolischen Sendung erwidert der Mönch nach mehr als einem Monate dem hochmögenden Herrn sein Non possumus im folgenden Erlasse:

„Wolgebornner günstiger lieber Herr. Eüer begern in schrifft mir zugeschickt hab jch vernommen. Darauf jch ein kurtze anntwort gib / dann wiewol jch mit gantzer begird Euren begerungen nachzekumen vnd zugehorchen genaygt wär / k a n v n d m a g j c h d o c h i n d i e s e m f a l l n i t s t i l l s t e h e n / v n d d a s a u ß f ü n f f v r s a c h e n Die Erst / das die hendl (wellich Herr Johanns von Schwartzenperg wie der Titl des puechleins lautt / sich vndtersteet zu rechtfertigen) vngemäß der heyligen Schrifft seind. Die Ander / das er schmächlich wider die Römisch kirch plitzt / vnd vermaint die zu nichtigen / darjnn er sich einen abgetrennten erzaygt. Die Dritt / das er durch sein gschrifft / sterckt all mainaydig pfaffen / Münich vnd Nunnen / wellich wider jr pflicht vnd glübd vermainen eelich zu sein oder werden / wider jrer sel hayl / so kain Ee da ist / noch sein mag. Die Viert / dz er durch diß sein puechel vermaint all mein gschrifft vnnd leer zu poden stossen / das mir dann vnträglich ist. Die Fünfft / das er die schrifft so er vermaint jm hillflich sein / jrrig vnd verkerlich außlegt. Ich will dabey gschweygen vnd nit anziehen vncristliche schmähung die er mir thuet / vnd jm nit mit gleycher maß messen. Wiewol villeicht das nit vngemäß den menschlichen satzungen wär / so ayner sein schmächliche zeyhung nit war khan machen das er die / selbs tragen sol. Yedoch ob ich jn dabey mit ettlichen wortten sein vnwaißhait gib zuuersteen / vermain jch nit auß der weyß sein / wann das lert mich der weiß man. Ich werd jm auch seynen herrlichen Titl nit geben / wan der / jnn materj des glaubens nichtz außtregt. Er wär dann mit rechter götlicher vnd cristenlicher warheyt geziert / welliche jch in seinem schreiben nit find. Damit beger jch wöllet mein schreiben jmm pessten versteen / vnd wünsch euer herrlikait vil guter säliger zeyt. Der jch mich auch hyemit empfolhen haben wil. Datum München amm 28. tag Nouembris jmm Sechßundzwaintzigsten Jar der mynndern zal nach vnnsers Säligmachers geburt".

Die Vorrede des Buches, das hauptsächlich von Priesterehe, Mönchsgelübde und Fasten handelt, hebt an: „Es ist ein allt sprichwort / ainer hat von aussen so lanng frid / als lanng sein nachtper wil, wellichs jch empfinden mueß war sein / jn mir selber / so mir ymmer zu vnruech erweckt / vnd raytzt mich zu bemüen vnd bestreytten, wenn er wider mich großen neyd vnd haß tregt / vnnd mir hartt zusetzt / von wegen Christlicher und Euangelischer warheyt / die jch durch gschrifft weder in vnd seinen hauffen / verkerer der schrifft / an tag hab pracht."

Zwar verspricht Schatzger gnädig genug, er wolle „seins suns vnd der löblichen freundtschaft... schonen", allein er geht doch mit dem „Schlangenbeschwörer" scharf ins Gericht und meint, die Mönchskutte, aus welcher die Schlange kam, sei jene von „Schwartzenbergs Schuelmaisters, deß außgeloffen Münchs (Hannsen Eberls)[129]) da derselbig durch den Sathan aus dem orden ist gezogen vnd sein kutten von jm geworffen hat, der Sathan sy auffzuckt."

Redegewandt, wie überall, verficht Schatzger seine Sache; freilich leistet er sich auch haarsträubende Sätze, wie den folgenden, mit dem er die Priesterehe bekämpft: „Schlafweyber haben von den kirchendienern / ist ain schwäre syndt an jr selb ist groß ergerlich den gmainen cristen... Aber weyber nemen undter der gestallt der Ee ist noch schwärer vnd vnträglicher."

Noch in diesem Jahre verließ Schatzger die Erde mit ihren erregten Kämpfen, und man darf sagen, daß sein Tod in die Reihen der Streiter für die alte Lehre in Bayern eine tiefe, unersetzliche Lücke riß. Daß auch die Gegner ihn als einen beachtenswerten Kämpfer betrachteten, geht wohl am besten daraus hervor, daß Luther selbst (1523) einen der hervorragendsten seiner Anhänger, Johannes Briesmann von Cottbus (1488—1549) [180]), beauftragte, Schatzgers Schrift gegen ihn zu beantworten, eine Arbeit, welche Briesmann dem Georg Spalatin (1482/4—1545) widmete [181]). Luther schreibt an Briesmann: (F. 2.) „Sed ut ad rem veniam, rogaui te, ut munus respondendi obires: non quod dignum ducerem te, qui dono dei melioribus rebus seruire potes, cum his laruis pugnare: sed quod ego occupatior sim, quàm tu ipse respondeam".

Wenn auch Luther in seiner sechzehn Seiten umfassenden Epistel über Schatzger heftig loszieht [hominem indoctum (2 [b]), iste Schatzgeyr miserabilis (3 [b]), huius Schatzgeyri qui non potuit ante quiescere quàm sua insipientia manifesta fieret omnibus (3 [b])] und auch Briesmann in seiner Widmung an Spalatin vom 17. März 1523 von Schatzger meint: „Et dum Lutherum prosternere conatur, se ipsum iugulat miser et insignem suam stupiditatem omnibus palàm per orbem traducit", war doch unzweifelhaft, als Schatzger vom Schauplatze der Welt schied, ein bedeutender Gegner der neuen Lehre in Bayern verstummt, dessen besonderer Vorzug, ebenso wie jener Luthers, im gewandten Gebrauche der deutschen Sprache bestand.

Ein warmer Freund erstand der Sache der Reformation in dem „Buchdrucker" Johann Locher von München, der freilich nur seiner Vaterstadt halber hier genannt sei; denn über seine persönlichen Verhältnisse läßt sich nichts sagen. Auf meine Anfrage am Münchener Stadtarchiv erhielt ich von Herrn k. Archivrat Ernst von Destouches die Mitteilung, daß Forschungen in den dortigen Beständen „nach einem Buchdrucker Johann Locher erfolglos geblieben sind, indem weder in den Steuerbüchern noch in den Ratsprotokollen, noch in den Kammerrechnungen aus der Zeit von 1520—1525 ein Bürger oder Inwohner Münchens dieses Namens aufgefunden zu werden vermochte". Desgleichen teilt mir Herr Gymnasialoberlehrer Dr. Ernst Fabian in Zwickau auf meine Anfrage an die dortigen Archive mit, „daß weder die Ratsakten noch die Kirchenbücher etwas über den Mann enthalten", während die Ratsschulbibliothek eine Anzahl Locherscher Schriften besitze.

Ist nun schon die Annahme, als ob Locher in München neben Schobser eine Druckerwerkstätte besessen habe, von vorneherein abzuweisen, so erscheint es sogar fraglich, sicherlich nichts weniger als ausgemacht, daß Locher selbst Buchdrucker war. Hirsch [182]) führt ihn zwar im Index typographorum auf, auch Weller stellt ihn im Register unter dieselben, allein, da auch in Zwickau, wo die meisten seiner Schriften erschienen, über ihn nichts bekannt ist, so kann wohl der Vermerk „Gedruckt durch Johann Locher von München", den ein paar Schriften tragen, nur Lochers Autorschaft oder Verantwortlichkeit, nicht aber seine eigene Druckerarbeit bezeichnen.

Ein Teil seiner Schriften, welche insgesamt in die Jahre 1523 und 1524 fallen, enthält keine näheren Angaben, ein anderer Teil ist in Zwickau bei Georg (Jörg) Gastel gedruckt. Diese für die lutherische Sache überaus thätige Druckerei war als die erste i. J. 1523 in Zwickau von dem in Augsburg schon lange Zeit als Drucker thätigen Hans Schönsperger eingerichtet und seinem Schwiegersohne Jörg Gastel überlassen worden [183]).

Locher hat wohl der rasche Fortgang der Reformation in Zwickau, das bereits im Jahre 1521 ganz protestantisch war [134]), dahin geführt; dort traf er auch bayerische Landsleute; der (1520) auf zwölf Jahre zum Rektor der Schule ernannte M. Leonhart Natter war aus Lauingen [185]), und einer der eifrigsten Prediger des Protestantismus, der bekannte Dr. Kaspar Guttel (gest. 24. Mai 1542)[186]), kam gleichfalls i. J. 1523 nach Zwickau [187]).

Aus dem Jahre 1523 stammt eine ziemlich umfangreiche Schrift Lochers [139]), die in Zwickau gedruckt ist. „Ich Hans Locher von München", heisst es dort (Fol. 2 b), wünsche „meynen gelibten / Bruedern /herren vnnd freündten zu München ynn Bayern / den fürnemisten / mit samptt anndern ynwonnern des Landts / als den eyns teyls erschreckten / vnd kleynmuettigen / die sye wöllen vonn der augenscheynlichen bestendigen warheyt / das Gott selbs ist / also liederlich mit gebot / troung / gewallt / lassen erschrecken /

als vnnerhört ertzeygt". Er eifert gegen „die heylliglosen götzen zu Rom / vnd ander Nicklas Bischoff / mit sambt yren todtenpfeyffern" (Fol 4 ª), das „gesetz der Papisten" und „der papisten geltstrick". Vor allem findet er warme Worte, wo er gegen die Verfolgung Andersgläubiger durch Feuer und Schwert, zufelde zieht. Indem er sich auf seinen Freund Heinrich von Kettenbach [189]) beruft, bricht er in die Klage aus: (Fol. 9ᵇ) „Mich erbarmet / das ich daruon schreyben sol / es (10ª) ist erschrockenlich daruon zu hörn / von dem vnchristlichen erbermklichen bluet vergiessen / yn aller Christenheyt / wess ist die schuld / oder wer begert sein mer / denn unser vorgeer Geystlich vnnd Weltlich / Sunderlich vonn des Endtchristischen Reychs wegenn / das on zal ist / aber ein grosse Summa wirdt genent durch meynen geliebsten freündt vnd Bruder / Hainrich Kettenpach / als in 800 Jaren wol. 12000000 Person Barmhertziger Got / das heysst deyne schaff gewaydent / Sindt das hyrten / schäffer / oder Fleischshawer? die es täglich yhm brauch haben. Wie vyl mer haben sye denn gar dem Teüffel heym geschickt / durch vertzweyfflung / mit Bannen / Casibus reseruatis / mit geldt stricken etc."

Heftig und in Worten, wie wir sie jener Zeit nicht mehr verargen, zieht er gegen den Papst los, der Sünden vergeben wolle, was doch nur Gott allein könne. (Fol. 11ᵇ) „(ich) sag souil dartzu das er (= der Papst) und ein yedweder / ya nit ein laus / yn der gestaldt geschweygen eynen menschen von sünden endtpinden mög." (F. 12ª) „Er mag mit Ern seynes hauffens wol Papa genendt werden das in vnserem Teutsch / ein schalck ob allen schälcken interpretiert wirdt."

Auch Verzeihung von Rom hofft er so wenig wie der Tannhäuser. (Fol. 12ᵇ.) „Der Babst vnnd sein gesindt / mügen wohl verzeyhen / was wjder sy gehandelt wirt. Das vnserm hauffen als wenig wyrdt widerfaren / als dem Thanhauser / daruon mans liedt singt / als lang biss der stab wird grünen."

Den Primat Petri kann Locher nicht anerkennen; denn hätte Petrus denselben von Christus allein bekommen, so wäre er auch mit diesem Apostel ausgestorben. Das Pupsttum zu Rom leidet ihm zu sehr an Hochmut. (Fol. 13ª.) „Der Plättelmayr zu Rom leügt offentlich jn seinen wasser blassen / do er sich schreybt / Seruu Seruoru eyn knecht aller knecht vnnd wil doch daruntter verstanden haben dominum dominorum auch sein / Ein herr aller herren."

Dem Papste wird jegliche Macht über die Ketzer abgesprochen. Besonders aber kommt er Kettenpach in seinem Kampfe gegen die Klöster zuhilfe. (Fol. 19ᵃ.) „o Ritterlicher Bruder Kettenpach, mich nymbt nit wunder / das du als von deinen feyndten verfolgt bist / dein warhafftig schreybenn leucht jnen nu fast / der scheyn thut jn wee in augen ...... Darumb sprich ich noch ewigklich wee / denen die ob den verschlossenen Clöstern also hart halten / auch deren freündten die jnnen helffen mügen / man hat euch seer vil daruon geschriben / vil redlich lerer / aber der hundertist teyl ist nit gelautt / was an disen enden verbracht wirt."

An alle Eltern, welche Kinder in Klöstern haben, richtet er die Mahnung, dieselben daraus zu entlassen, da sie unnütz seien; denn (Fol. 20) „weren die klöster / zu der seel heyl nottürfftig gewesen / Got vnser trewer fürseher het vns auch wol mügen datzu weysen / die weyl er sunst nicht hat vergessen zu vnser seelen heyl gehörig."

Nicht mit Unrecht meint Locher, dessen Schriften ziemlich schwer verständlich sind, und der auch in das Urteil seiner Zeit von den „Juristen — bösen Christen" (Fol. 16ᵃ) einstimmt, es scheine ihm selber, als ob er „vmb ein noten zu hoch het gesungen" (Fol. 14ᵇ); allein das war nun einmal der allgemeine Ton.

Auch bei Locher spielten der Karsthans, der „in den ersten Jahren der Reformation eine halb mystische Persönlichkeit"[140]) und der „Vertreter des Bauernstandes"[141]) geworden war, und den Murner[142]) den „vnbekant vnd verborgen" nennt, Omnis der Pöbel u. a. dgl. eine ständige Rolle.

Lochers ganzes religiöses und politisches Bekenntnis enthalten die „fünfzehn Artikel"[148]) (1524), zu deren Verteidigung er sich öffentlich anheischig macht — ein Aufruf, „mit dem er gewarnet wil haben / alle die / die disem Geschlecht anhangen / vnd verwant sindt / dieweyl die Münch freuenlich nit geyrrt wellen haben / vnd also Trutzigklich verfarn / das dieselbigen / nit mitsambt ynen deß zorn gottes / nicht weniger der welt nachred / erharren". Ihm ist es „vnmüglich / das ein Barfüsser Münch das lautter wort gottes / müg / auß einem Raynen vnd vnschuldigen hertzen / dem gemainen volck predigen" (A. 11).

Ein anderes Schriftchen: „Ein gnadenreiches Privilegium christlicher Freiheit"[144]) ist dem Bürgermeister von Zwickau Hermann Müllpfort gewidmet. Es kehrt sich gegen die katholischen Fastengebote. „Vnser Christliche fasten / widerumb in den

alten brauch zu bringen / ist schwer / von wegen der halßstarrigen / die jr lebenlang nit gewist haben was doch rechten fasten sey"
Mit dem Ave Maria Läuten beschäftigt sich ein kleines Schriftchen [145]), das Locher Veranlassung giebt, über den Marienkultus sich zu äussern. Nachdem er begonnen: „Allen Christlichen predigern Entbeüt ich Johann Locher mein brüderlich lieb vnd verharrung in Christo", bespricht er „das Aue Maria leuthen oder pro pace schlahen / das / wie jr wol wist / man wol vnd übel gebrauchen kan / nachdem das hertz abtgöttisch oder christlich ist." Denn ohne Zweifel ist es „abtgöttisch vnd missgläubig / wenn es bey dem leuthen deß Aue Maria / allein die wirdigkeit Marie betrachtet / als sey die von yr selbst täglich gewest / den eingebornen Christum gottes son / zu entpfahen vnd tragen /". Allein nur abergläubische Leute reden und „betten mit dem mundt / dz sie alle jre Aue Maria / nur der Mutter Gottes sprechen vnd zu lob opffern / gleich als wer es darmit genug / ...." Der wahre Christ weiss, dass er bei seinem Gebete nur an Gott allein denken dürfe.

Originell gehalten ist der „Sendbrief des Bauernfeinds zu Karsthausen" [146]), der ein treues Bild der Anschauungen aus der Zeit der Bauernunruhen giebt. Den „grossen Hansen" ist alles mehr genehm als „die nottürfftige Reformatz aller stendt". „Noch hoffen sie das merertayl auf den alten affen von Haydelberg / gleichwie die Juden auf jren Messia". Huss bezeichnet er als den „warn marterer" (Fol. 5ᵇ); auch glaubt er, „Christus waiß wol / das in deiner Baurn hauffen die seynigen sindt". (Fol. 6ᵃ).

Wie er seinerzeit Tanhäusers gedachte, so erwähnt er hier der „allergröbest Baur yns Neyttharts tantz" [147]).

Noch führt Kobolt einige Schriften Lochers auf [148]), welche mir indessen nicht erhältlich waren, auch hier nicht von Belang sind.

Unter den früheren Vorkämpfern für die alte Lehre ist in München der Prior des Augustinerklosters dortselbst zu nennen, Dr. Wolfgang Cäppelmair (gest. 1546) [149]), zu dessen (1538) bei Andre Schobser erschienenen „Anzaigung was sey das war / Christennlich / vnd lebendig Evangelium" [150]) der vielseitige Vizekanzler zu Ingolstadt Johann Eck eine kurze Vorrede schrieb. Der auch von Kaiser Maximilian in religiösen Fragen mehrmals zurate gezogene Theologe [151]) fasste in derselben seine Einwürfe gegen Luthers Lehre geschickt zusammen, indem er den Reformator als „vom Buchstaben getödt" hinzuh stellen sucht. Die Lehre der Schrift aber, dem Buchstaben nacgefasst, ist es vor allem, wogegen Cäppelmair loszieht: „Allso ist es der ketzer aigenschaft noch heüt auf disen tag / das sy schrayen geschrift / geschrifft / geschrifft / pring man wider vnns auf die pan...... In disem jrren alle ketzer / das sy zuuil gelert sind in dem klanng oder schein des buchstabens der bibel." (17. Veritas). Auch Cäppelmair hält nur dasjenige für Geist, was lebendig macht. Man sieht aus seiner ganz akademischen Kampfweise, dass der Streit um die religiöse Meinung noch nicht rein persönlich und infolge dessen ausschliesslich verletzend geworden war. Einige Jahrzehnte später sahen die Streitschriften weniger erquicklich aus; da war allmählich jede Hoffnung auf Wiedervereinigung ausgeschlossen.

Als der Jesuit Konrad Vetter eine deutsche Ausgabe von Edmund Campians, des berühmten Konvertiten und Martyrers (1540—1581), „Lutherischen Schreckengast"[153]) (1599) zu Ingolstadt veröffentlichte, ein Büchlein, das überaus rasch vergriffen wurde, wie beide Vorreden bezeugen, da galt es nicht mehr der Einwirkung auf die „Seelrauberischen Beerwölfe" und die Anhänger Luthers, des „vnflätigen lästerlichen Apostaten", um sie zu bekehren; man zielte nur noch auf Spott und Verunglimpfung ab, die in einem Buche des M. Conradus Andreae gegen den „Saumärtl"[153]) — des mehrgenannten Konrad Vetter — „Zwölf Tractätlein" aus Luthers eigenen Schriften (Ingolstadt 1600) so ziemlich den Höhepunkt erreichten. Andreae-Vetter versteht es meisterlich, aus Luthers Schriften Kraftstellen zu sammeln, unbekümmert um ihren Zusammenhang. Ein derber Vers: „Ein Sawprophet der Luther ist u. s. w." schliesst diese kleinen Traktätlein, die der Verfasser aus des J. Pistorius (1546—1608)[154]) grosser Anatomia Lutheri „aussgezogen, dass sie jedermann ohne grossen Costen vnnd Mühe kauffen vnd ablesen möcht." Was er ferner berichtet, wie er „vom Trucker selber vnauffhörlich getrieben worden, solche inn ein Büchlein nachtrucken zu lassen", beweist, wie die meisten Vorreden der Schriften jener Zeit aussprechen, dass diese Veröffentlichungen einen weiten Leserkreis besassen.

Eine Reihe von Flugschriften hat Vetter gegen Luther unter dem Volke verbreitet. Der „unschuldige" (1594), der „demüthige" (1595), der „wahrhaftige" (1596), der christenliche"

(1597), der „gläubige", „andächtige", „biblische", „engelische"(1598), „gravitetische" (1599), „academische" (1607) u. s. w. Luther überschwemmte die Massen; in jedem Heftchen wird Luther, gestützt auf Pistorius, von einer anderen Seite angegriffen. In den Worten, die er dem sterbenden Luther in den Mund legt [155]), und in seinen Schriften gegen Katharina Borra, „deß Luthers Porna", wie er sich unziemlich genug ausdrückt, hat er stets die Menge im Auge, sodass man Vetter zu den eifrigsten, freilich auch gehässigsten Volksschriftstellern der Gegenreformation zählen darf.

Aus der Schar der rücksichtslosesten Streiter gegen die neue Lehre in Bayern, die sich in der Landes- und Volkssprache an das Volk wendeten, verdienen indessen zwei Männer, ganz besonders hervorgehoben zu werden, der Franziskaner Johannes Nas und der Jesuit Laurentius Forer. Johannes Nas [157]) ist „im stättlein zu Heltman am Mayn, zwu mayl vnder Bamberg, im Herzogthumb Francken" [158]) am 19. März 1534 geboren. „Das du mich", sagt er, „falschlich als einen Sawbayern lästerst, darnach ich wenig frag, dann jhr dess liegen gewonet, vnd sein mir die Bayern lieb"; denn die Bayern haben „so viel an jhm verdient, dass er sie billig nächst seinen Eltern liebe". Als Nas zwölf Jahre alt war, kam er nach Bamberg zu einem Schneider in die Lehre, nach deren Vollendung er in Nürnberg, Regensburg, München und Augsburg als Geselle arbeitete. Er war ein glühender Protestant, ja er hätte nach Anhörung der Predigten, wie Saulus, Steine suchen mögen, um sie nach katholischen Geistlichen zu schleudern [159]. Aber aus dem Saulus entstand ein Paulus! Um 1552 — es war in München — wurde er für die katholische Sache gewonnen und trat (1553) dort in den Franziskanerorden ein; alsbald (1557) aber wurde der Frater Schneider sogar zum Pater geweiht und bezog (1559) die Universität Ingolstadt. Als Prediger erzielte Nas bedeutende Erfolge, besonders war er in Straubing (1566) mit seltener Kraft für die katholische Sache thätig. Im folgenden Jahre hielt Nas in München vor dem Herzog seine Fastenpredigten. Bis 1571 wirkte er in Bayern, dann siedelte er nach Tirol über, von wo aus er sein Vaterland öfter besucht zu haben scheint; er starb als Weihbischof von Brixen am 16. Mai 1590 zu Innsbruck. Der „Schneiderknecht Bruder Nas", wie Fischart im „Jesu wider" [160]) den Pater nennt, war eine der streitbarsten Naturen. Bei weitem die meisten seiner Schriften fallen in die Zeit seiner Thätigkeit in Bayern und sind zu Ingolstadt bei Weissenhorn und Eder gedruckt. Einige haben sogar später Neudrucke erlebt.

Die „Giftspinne", wie Georg Scherer [82]) den Lukas Osiander (1534—1604) [161]) genannt hatte, der seinerseits dann Scherer und Christoph Rosenbusch [162]) in Ingolstadt mit diesem Namen belegte [163]), ferner Rauscher († 1569) [147]), Heßhus (1527—1588) [164]), Schmidlin [96]), Cyriakus Spangenberg (1528—1604) [165]) und mehrere der feuerigsten Anhänger der Reformation sind die Zielscheibe seines unerschöpflichen, grobkörnigen Witzes. Allerdings hatte Osiander den Nas mit „zweiundsiebenzig Schimpfnamen" belegt, aber Nas selbst giebt ihm gegenüber zu: „Du, mein lieber Hoschiander, musst durch meine Centurien nit leis angetroffen sein" [166]). Er hat ihm die Lästerreden ehrlich gewogen zurückgegeben.

Nas' Predigten und Homilien — wir verweisen z. B. nur auf seine „Postilla minorum" (1572) [167]) — sind in überaus kräftiger Sprache geschrieben; denkt man sich dieselben mit dem Feuereifer vorgetragen, der ohne Zweifel den kühnen Mönch gegen „das Luderthümb vnnd alle Secten so darauss kommen" [168]), beseelte, so ist ihre gewaltige Wirkung leicht begreiflich, wenn man auch noch die wuchtigen persönlichen Hiebe in Anrechnung bringt, die hier nach allen Seiten hin ausgeteilt werden. Eine besondere Kunst verwendet Nas auf den Schluss jeder Predigt, der bald in einer warmempfundenen Apostrophe an die Zuhörer, bald in einem rasch abgebrochenen, bedeutungsvollen Satze besteht.

Interessanter freilich vom litterarischen Standpunkte aus sind Nas' polemische Schriften, vornehmlich seine sechs s. g. Centuriae, die auch der bayerische Herzog für seine Bibliothek anschaffte [169]). Schonungslos verfolgt er die Gegner, und was er nur zu ihrem Nachteile findet und hört, verwertet er in rücksichtsloser, beissender Satire. Die „evangelischen Predigkautzen" und das ganze „lutherische geschwirm" bekam er damit freilich auf den Hals; aber er erwehrt sich derselben in so derber Weise, dass er es selbst für angezeigt hält, sich gelegentlich [170]) deshalb zu rechtfertigen. Er musste, sagt er, zu Redensarten greifen, „die auff jhrem Misst gewachsen" seien. „Vnd trutz jhnen", fährt er fort, „das sie mir ein einiges / grobes schandtwordt künnen verweysen / das ich jhnen nicht will zeigen / vom Luther / Sebastian Francken / Spangberg / Schmidel, Hosendocter (so nennt er häufig Osiander) [171]), Rauscher, Scelesto oder andern / michs entlehnt haben."

Bei dem erbitterten Kampfe der Parteien lässt kein Gegner an dem andern auch nur ein gutes Haar. Die Reformatoren und ihre Anhänger erhalten wenig ehrenvolle Namen; das „vermaledeyt Lutherthumb" selbst aber ist „vom Teuffel" [172]), sowie seine „vier zipffel", die „Lutheranen, Caluinisten / Tauffer vnd Neutraln." [173]),„So vil die gefälscht Bibel belanget, als da ist des Luthers Dollmetschung", so hätten seine Mitevangelischen „als baldt ein andere / vnnd etwas bessers, dann des Luthers" geteutscht [174]). Ja selbst das Kirchenlied der Evangelischen findet bei Nas keine Gnade, er fällt mehrfach über dasselbe her; nur was sie in ihren Gesangsbüchern „guts haben", meint er, „das ist vorhin vnser / habens alles von der Kirche gestolen". [175]) „So ist das Lutherthumb ein rechter Teuffelswillkum". [176])

Es ist eine unerquickliche Lektüre, die uns diese katholischen und protestantischen Kämpfer bieten; man weiß den heißen Wunsch nach Frieden, dem der Propst zu Glatz Christoph Kirmeser in seiner zu Ingolstadt (1592) gedruckten Predigt [177]) Ausspruch verleiht, zu würdigen, und man kann nicht umhin, selbst heute noch den persönlichen Streit herzlich zu bedauern. Dies Gefühl verhindert uns jedoch nicht, den Witz und die Schlagfertigkeit der Geister zu bewundern und ihre der Entwickelung der deutschen Sprache geleisteten Dienste freudig anzuerkennen.

Unter diesem Gesichtspunkte hebt auch Oskar Brenner [187]) an dem Jesuiten Laurentius Forer hervor, dass seine Schriften, ob sie gleich Luthers Sprache nicht nähern und „ihren Ursprung durchaus nicht verleugnen", doch „grobe Dialektformen meiden".

Der Schweizer Laurentius Forer, 1580 zu Luzern geboren, war längere Zeit Kanzler der Universität Dillingen und starb (1659) als Rektor zu Luzern [179]). In seiner lateinisch geschriebenen „Anatomie der Gesellschaft Jesu" [180]) (1634) hatte er eine mächtige Lanze für den Orden gebrochen. Seinen „Lutherischen Katzenkrieg" [181]) widmete er (1627 von Dillingen aus) dem Herzog Wolfgang Wilhelm [182]) (1587—1653), der, ehe er Wilhelm V. Tochter Magdalena (1613) als Frau heimführte, zu München heimlich (am 19. Juli) zur katholischen Kirche übergetreten war. Er vergleicht die religiösen Streitigkeiten mit einem Krieg, „in welchem weder Glück noch Stern / noch einiges Heil ist. Ach wievil armer Seelen seyndt in diesem grawsamen gefücht zu grund gangen? In diser / sag ich / so langwirigen / so vilfültigen / so gefährliche[n] Lutherischen Katzpalgerei? .... Der Obriste

General... ist gewesen der Vnglückselige Mann / Martin Luther /... Auff jhne seynd seine schöne Söhnlein / hübsche Zoberlin / vund ähnliche Kinder.. gefolget / vnder welchen der fürnemmste gewesen ist der Melanchthon, ein so meineydigs / als wanckelmüthiges Männlin."

Forers „Katzenkrieg" geht von dem Grundsatze aus, „die jenige Kirch ist nit die wahre / welche nit eins ist in Einigkeit deß Glaubens. Aber die Lutherische Kirch ist nit eins in Einigkeit deß Glaubens / sondern in den höchsten vnd nothwendigste[n] Haupt Articuln deß Glaube[n]s vneinig. So ist sie derhalben nit die ware Kirch."

Forer entwickelt, natürlich von seinem Standpunkte aus, die ganze Reformationsgeschichte, um zu dem wenig tröstlichen Schlusse zu gelangen, es sei „laider kein besserung nicht zuhoffen oder zuerwarten, seytemal dise Haderkatzen / jhrer Lehr nach keine[n] lebendigen Richter nicht zulassen oder annemmen / sonder beyde thail nur auff die Schrifft trutze[n] / bochen / vnd sich beruffen." (S. 479).

Als eine Schrift unter dem Pseudonym Philoxenus Melander gegen die Jesuiten erschien, war (1633) Forer mit seiner „Kunst Cammer"[183]) und seiner „Warnungs Schrifft Anti-Melander"[184]) rasch zur hand, um den „infamanten, der eussersten fleiß anwendet / zu verhüten / damit man nicht auff das gespor komme / wer er seye"[185]), kräftigst zu widerlegen und für die Jesuiten einzustehen, indem er alle ihnen gemachten Vorwürfe zurückweist.

Auch das alte und stets wieder erörterte Thema, „das der Pabst zu Rom der Antichrist seye", wogegen mit tausend anderen auch Georg Scherer gepredigt hatte [186]), bespricht Forer (1653) in einer eigenen Schrift [187]), „damit dann diser grobe Irrthumb vnd falsche wohn / welcher eine auß den Fürnembsten vrsachen ist alles Vbels vnd Vnfriedens in Europa / dem Gegentheil benommen / vnd bessere Vertreuligkeit gepflanzt werde." In ziemlich eingehender Weise widerlegt Forer ferner (S. 24—34) die Fabel von der Päpstin Johanna als ein „ganz erstunckenes Gedicht", eine Frage, welche gleichfalls bereits Georg Scherer (1584) in einer eigenen Schrift behandelt hatte [188]).

So blühte die polemische Litteratur einige Jahrhunderte auch im südlichsten Deutschland, obgleich die Hauptverfechter der neuen Lehre meist nur vorübergehend sich hier aufhielten, wie der Hesse Georg Schwarz (Nigrinus 1530—1602)[189]), der Kollaborator an der Poetenschule zu München war und als einer der unfeinsten Streiter [190]) viel Staub aufwirbelte. Auch die umfangreiche Litteratur über die verschiedenen Teufel, deren jeder ein mehr oder minder verbreitetes Laster personifizierte, wie sie im Norden Deutschlands üppig aufschoss, — man denke nur an den derben Andreas Musculus (1514—1581) [191]) — blieb im Süden nicht ohne Widerhall.

In den Jahren, welche auf den Nürnberger Religionsfrieden (1532) folgten, trat trotz der anscheinenden Ruhe beider Parteien Wolfgang Kyriander [192]) aus Ötting, dem wir auch die Schilderung der Gründung Ettals in lateinischer Sprache verdanken (Descriptio fundationis celebris Monasterii dive Marie etc.) (1548), mit polemischen Dichtungen gegen die Reformation vor die Massen. Der Freund des gelehrten Tegernseer Benediktiners Wolfgang Sedelius, der seine beiden Bücher bei Andre Schobser in München drucken ließ, fordert vorerst Nachsicht für seine Reime; wenn auch diese „in der letzten Sillaben" Mängel hätten, so sei doch die „Intention vnd Materi" die Hauptsache.

Sein Büchlein von der Erkenntnis der Kirche (1538) [193]) wendet sich gegen „Maister Martein Luther", „bey vil der Teutschen wol bekannt". Für jeden der Ketzer hat er ein kräftiges Wörtlein, bis er auf Luther kömmt:

> ... Dem Teüffel ist gelungen,
> Mit eym Münch der außgesprungen
> Luther / so des Toüffels sattil
> Domit den Enndchrist satlen wil ...

Übrigens findet Kyriander an Luther nichts Neues.

> Hieneben wöllend mercken tratt /
> Nit Luther erst erfunden hat
> Yrthumb vnnd die ketzereyen /
> Vor sein gwesst auch Arawayen
> Hat yeder sein tail außgeheckt ...

Nachdem er dem Leser auseinandergesetzt,

> Wie bayd kirchen her sein kommen /
> Yede was für heylgen habe /
> Was jr leren oder sage,

fordert er ihn auf, in „Sankt Peters Schifflin" zu bleiben.

Zu einem beliebten Thema griff Kyriander, als er sich daran machte, die ganze Sektengeschichte in Versen darzustellen. (1539) [194]). Auch in diesem Dichterwerke giebt er zu, „daß die Rythmi inn letzten Sillaben oder Buchstaben beyweilen nit als gar quadriern", allein das sei nebensächlich.

Kyriander teilt die Erschütterungen der christlichen Kirche in „Durchächtungen" ein; im Volkstone erzählt er von den Ketzern und ihrer Lehre, bis er auf Luther kommt.

> Herwider fürt der Teufel här
> Ein Münch der brachte newe mer
> Zu Augspurg auff den Reichstag ein
> Der füret gar gaystlichen schein
> Er kam in ainer kutten schon
> Die er hernach werd bald verlon /
> Mardin Luder augstin orden
> Darauß hernach abtrinnig worden...

Vierzehnhundert Stellen hat Luther in seiner Bibelübersetzung gefälscht. „Wa gschrifft jm gfiel da nam ers an." Drastisch schildert Kyriander den Bauernaufstand:

> „In der höll kain Teuffel ware
> Seyen all jnd Pawren gfare"

und legt, nachdem er eine auf das Volk gewiß wirksame Schilderung seiner Greuel gegeben, das ganze Unglück Luther zur Last *).

> Frommer leut ob hundert tauset
> Vnd noch mer dann zwaintzig tauset
> Weren all bey leben blyben
> Het Luder kein büchlin gschriben.

Kyriander steht natürlich in den ersten Zeiten der Reformation; seine mehrfach ausgesprochene Warnung ist stets dafür, nicht „das künd sampt dem Bad außzuschütten." Er ist auch von den Mißgriffen der Kirchenfürsten wohl überzeugt; aber er gesteht dem Christen das Recht nicht zu, gegen seine Vorsteher, auch wenn sie nicht im Geiste des Evangeliums leben, sich aufzulehnen.

Die ehrliche, manchmal freilich auch heftige Sprache Kyrianders und seine Schrecken erregende Darstellung der Entsetzen, welche Widertäufer und Ketzer in die Welt brachten, hat ohne Zweifel auf das gläubige bayerische Volk gewirkt und seinen Wunsch bestärkt,

> Das wir wider ain helg werden
> Vns nit geben in sölch gferden /
> Sonder bey der Kirchen bleyben
> Vns davon nichts lassen treyben.

---

*) In gleicher Weise macht Christoph Erhard in seiner dem Herzog Wilhelm V. gewidmeten Geschichte der Widertäufer Luther für die Vorgänge in Münster verantwortlich.

Der unermüdliche Adam Walasser[199]), dessen Thätigkeit für das Kirchenlied bereits erwähnt wurde, beschäftigte fleißig die Pressen des Klosters Tegernsee. Dort erschien sein „Regelbüchlein des heiligen Abtes Benedikt"[196]) (1575), sein „Differentz-Büchlin"[197]), eine Art Wörterverzeichnis für die deutsche Rechtschreibung jener Zeit (1576); früher (1569) veröffentlichte er bei Sebald Mayer in Dillingen seinen „Schild des katholischen Glaubens[198])" als einen Trost „in disen letzten sündigen zeiten / darinnen der groß abfall / wie Paulus meldet / vorhanden." Mit Nachdruck beruft sich Walasser auf die Konvertiten, wie Martin Eysengrein[199]), Kaspar Franckh[80]), Jakob Rabus[200]) und Fridericus Staphylus[201]), auf den eben das kräftige Lied der Gegner erscholl:

> Fritz Staffel wil gut Bäpstisch sein
> Des Luthers ler verschweren![202])

Was Walasser mehrfach in Prosa niederlegte, das hatte er schon im Jahre 1563 in „Der Teutschen Spiegel"[202]), einem äußerst interessanten Reimbüchlein, ausgedrückt. Es ist „eine getrewe Ermanung an die Teutschen", wo der Einfältige sich beklage,

> „Das Teutschland sey des Irrthumbs voll:
> Er wiß nit was er glauben soll."

Wie Dante in seiner großen Dichtung (Parad. XIII, 118), so findet auch Walasser in der Hoffahrt vor allem die Ursache der Spaltung.

> „Währ dhoffart nit Ins Teutschla[n]d kommen /
> Vil schadens het wir nit vernommen."

Es folgt nun ein ganzer Abriß der Kirchengeschichte in Reimen, oft in recht lebhafter Sprache. So ruft er den Gegnern des Papsttums zu:

> „Maint jr. die sach wär gar geschlicht /
> Wanns Bapstum wer in Teutschla[n]d nicht?
> Nein zwar / sonder glaubt der trew mein
> Es würde noch vil ärger sein.
> Jr würdt einander selbs auffressen
> Die schriften geben zeugknuß dessen"...

Die Spaltung sei auch nur in Deutschland anzutreffen.

> „Man gehe hin in das Welschland
> In Hispanien vnd Franckreich /
> Auch in die newe welt deßgleich
> Wo man dann catholisch leut findt /
> Seindt die selben ganz vnzertrennt."

Nun ergeht er sich in einer scharfen Kritik der neuen Lehre. Stellenweise erhebt sich Walassers Poesie zu einer für jene Zeit beachtenswerten Wärme des Gefühles. So verspricht der Anfang der Klagerede der „frommen alten teutschen Andacht" mehr, als der Verlauf derselben zu halten imstande ist:

> In einem Früling gieng ich auß /
> Ins grüne feld auß meinem hauß /
> Dann jetz der schne zerschmolzen was /
> Und sproß herfür das grüne graß
> Die bletter auch an bäwmen all:
> Die vögel sangen mit hellem schall /
> Die Lerch sich hoch in die lufft schwang /
> Mit jrem frewdenreichen gsang /
> Die Nachtigal vnd auch deßgleich
> Alle vögel sangen wunnigkleich:
> Ich gieng eim klainen Wäldlin zu /
> Daselbst zu haben meine rhu /
> Bey einem wasserbächlin klein /
> Welchs rauscht vber die kißlingstein:

u. s. w. Allein die ganze Dichtung klingt in eine Klage der Andacht aus, daß es keine andächtigen Leute mehr gebe.

Ähnlich ist die „Klagred der christlichen Kirchen":

> „Das Kaiserthumb in Orient
> Hat sich ganz vnd gar von mir gwendt:
> Das mechtig Vngarische Reich
> Hat mich verstossen schier deßgleich
> Teutschla[n]d thut mich schier gar vertreibe[n]
> In Engelland darff ich nit bleiben"

u. s. w. bis zu dem Wunsche:

> „So gib uns bstendigkeit / O Got /
> Bey deiner Kirchen steiff zu bleiben".

Den Schluß endlich bildet „ein lehr vnd Regel / wie sich ein einfeltiger Christ inn so mancherley jetz schwebenden Spaltungen vnd Secten des Glaubens halten soll", mit dem Ende:

> „Das verleyb uns Christus der Herr
> Wünscht hertzlich Adam Wallasser".

In dieser Richtung bewegte sich im allgemeinen die überaus reiche polemische Litteratur, welche im sechzehnten und siebzehnten Jahrhundert aus der Glaubensspaltung in Altbayern erwuchs. Unendlich wichtig, wenn auch nicht immer erquicklich und erfreulich, wäre, wie bemerkt, eine systematische Darstellung derselben. Zu reichem Gewinne für die Kulturgeschichte sowohl als für jene der sprachlichen Entwickelung unseres Volkes würde ein eingehendes Bild der Volkslitteratur der Gegenreformation in Altbayern führen;

allein dies zu entwerfen, erforderte Jahrzehnte und die gleichmäßige wissenschaftliche Bearbeitung der Geschichte verschiedener Disziplinen. Vorerst ist die Kirchengeschichte noch nicht so durchgeforscht, um der litterären überall erfolgreich an die Hand zu gehen [204]), für welche ja manches Schriftchen von hervorragender Bedeutung sein kann, dessen kirchengeschichtlicher Wert nicht eben groß ist; es fehlt ferner eine eingehende, einzelne Stämme zunächst berücksichtigende Geschichte der Kanzelberedsamkeit, in welcher die zahlreichen Prediger Bayerns dieser Zeit, um nur eines Döbereiner, Lautherius, Neser, Johannes a Via u. v. a. zu gedenken [205]), fachmännisch gewürdigt wären. Nun vermengt sich aber bei der Mehrzahl der volkstümlich in Bayern wirkenden Theologen ihre kirchliche, homiletische, polemische, litterarische Thätigkeit sosehr, daß eine rein litteräre Würdigung derselben einseitig werden müßte.

Immerhin aber sind uns die Bahnen, welche die Schriftsteller in ihren Büchern für das Volk wandelten, genugsam bekannt; es dürften die eben in großen Zügen geschilderten und an einzelnen Namen nachgewiesenen sein. Der Verlauf der geschichtlichen Ereignisse und die immer mehr klaffende Spaltung wird natürlich in den litterarischen Erzeugnissen der zwei Jahrhunderte sichtbar. Vorerst schien man die volle Tragweite der Reformation nicht zu fassen, und der Gedanke einer Trennung in zwei Kirchen lag ferne [206]). Schärfer trat aber die Meinungsverschiedenheit und mit ihr der völlige Bruch nach der ersten Hälfte des sechzehnten Jahrhunderts zutage, und in dem Maße als die Anhänger der neuen Lehre an Zahl und Macht gewannen, hob sich auch durch das Konzil von Trient das Ansehen der katholischen Kirche wieder, welcher zugleich in den Jesuiten eine derartig gut geschulte Schar von Verteidigern zur Seite stand, daß der Kampf von ihr wohl gewagt werden konnte. Mehr und mehr endlich hatte sich der streitenden Geister die Gewißheit bemächtigt, daß eine Einigung nicht mehr möglich sei, eine Versöhnung ausgeschlossen bleibe, und so wurden die Worte nicht mehr gewogen. Ob die römisch-katholische Kirche allein eine „rücksichtslose Polemik" gegen die Evangelisch-Lutherischen eröffnete, wie Gödeke [207]) behauptet, möchte einigermaßen bezweifelt werden, wenn man aus dem ganzen Kampfe nur zwei Männer — Nigrinus und Nasus — einander gegenüber stellt. Wahrlich Nigrinus ist dem Bruder „Johan, Nas Esel", dem „Nerrischen Cacolischen

Esel" ²⁰⁹), „dem trutzigen vnuerschempten mutwilligen Münch, dem Spiegel aller Narrenköpff" ²⁰⁹) nichts schuldig geblieben. Es hatte sich eben beiderseits die Überzeugung befestigt, daß nichts mehr zu verderben sei. Daß zu den rücksichtslosesten Leuten die Konvertiten gehören, liegt in der Natur der Sache. Man denke neben Nas z. B. nur an Sebastian Flasch und seine Schrift, die (1584) zu München ²¹⁰) erschien und in die derben Verse ausklingt:

„Was Luther thut oder redt / das ist
Alles nur Dreck / nur Kott / nur Mist.
Ob das nit sey ein Drecks Prophet?
Der solches thut und redet stätt."

Im weiteren Verlaufe spielte auch noch die Politik mit. Eine Partei legt der anderen die Schuld an dem Wachsen der Macht der Türken zur Last. Daß beide Teile schmerzhaft das Einmischen der Schweden in die Angelegenheiten des deutschen Reiches fühlten, geht daraus hervor, daß jede Partei die andere bezichtigte, die Ursache desselben zu sein. Der schon genannte Melander wirft den Dillinger Jesuiten vor, „daß sie ein grosse turbation vnd vnruhe mit Anschlägen vnd Büchern verursacht / vn[d] den Schweden ins Reich gebracht / auch Sachsen wider den Kayser auffgewiglet" ²¹¹). Mit allem Nachdrucke verteidigt sich Forer aber gerade dagegen. Der Riß war eben für immer geschehen, die Kluft unüberbrückbar geworden. So trat maßlose Rücksichtslosigkeit auf beiden Seiten auf. Die eine Partei traf der gewiß schwere Vorwurf, die Geister und ihr Denken unverantwortlich vergewaltigen, die andere der, mit jedem Mittel sich dieses unbestrittene Vorrecht der menschlichen Vernunft ertrotzen und erzwingen zu wollen.

In der Zeit nun, da die dauernde Spaltung der beiden Konfessionen so ziemlich endgiltig entschieden war, wenige Jahre ehe der grosse Krieg sie blutig besiegelte, wirkte in München der bedeutendste Volksschriftsteller der Gegenreformation — Aegidius Albertinus. Alles, was bisher an uns vorübergezogen, spiegelt sich klar und erkenntlich in seinen zahlreichen Schriften. Er ist Kontrovertist und Pamphletist, Erzähler und Uebersetzer, gelegentlich auch Homiletiker und Moralist. Seine litterarische Bedeutung ist eine bleibende; denn er ist der Vater des deutschen Schelmenromans ²¹²). Zwar hat er das Wenigste aus sich selbst geschöpft; seine Werke sind teils Uebersetzungen, teils Nachahmungen fremder, meist spanischer, italienischer, französischer und lateinischer Schriften; doch aber hat er dieselben so treulich auf den heimischen Boden zu verpflanzen gewußt, so sehr in den Rahmen seiner neuen Heimat gestellt, daß man die fremde Quelle kaum bemerkt. Bedenkt man ferner, daß, um mit K. Th. Heigel zu sprechen, seine Leistungen „sich so ziemlich auf die ganze Summe der populären Bildung des Zeitalters erstreckten" [113]), so darf man ihn wohl als den bedeutendsten der Volksschriftsteller der Gegenreformation bezeichnen. In seinen umfangreichen Werken spiegelt sich die Anschauung, welche man in der Hauptstadt des Südens in den ersten Jahren des siebzehnten Jahrhunderts über die Reformation hatte. Das Herzogtum Bayern schien der katholischen Sache gewonnen und dauernd erhalten zu sein. Zu München, Ingolstadt, Landsberg, Dillingen herrschten als streitbare Verfechter der alten Lehre die mächtigen Jesuiten. Sie hatten die hohen Schulen inne, und auch die unteren wußte die Schulordnung von 1569 ihrem Einflusse zu öffnen; wer nicht im alten Glauben fest schien, ward des Landes verwiesen oder ging freiwillig in die Fremde; so herrschte strenge Glaubenseinheit im Herzogtume, dessen Oberhaupt der ergebenste Sohn der katholischen Kirche, im dreißigjährigen Kriege auch ihr angesehenster Streiter wurde.

Aus dieser sicheren Burg, als der Diener des größten katholischen Fürsten, sandte Aegidius Albertinus seine Pfeile gegen die Neuerer aus. Aber er tauchte sie nicht in bittere Galle, wie Nasus in heißerem, persönlichem Kampfe gethan; er begnügte sich, seinen Lesern, die er sich ja als unerschütterliche Katholiken denkt, die Ueberzeugung zu befestigen, indem er Wort und That der Gegner in ruhiger Weise, stets wie ein überlegener Sieger, zu beleuchten sucht. Des Albertinus Einfluß war ein gewaltiger; seine Schriften gingen in Massen ab [114]); er war um die Wende des sechzehnten Jahrhunderts Bayerns gelesenster Volksschriftsteller·

Aegidius Albertinus ist wie so mancher, der im bayerischen Lande eine mächtige Rolle gespielt hat, nicht in Bayern, ja nicht einmal in Deutschland geboren. Seine Wiege stand zu Deventer in den Niederlanden, wo er im Jahre 1560 das Licht der Welt erblickte. Was seine Familie nach Deutschland geführt haben mag, ist nicht bekannt; vielleicht ist die Annahme berechtigt, daß sie der rücksichtslosen Durchführung der Reformation in Deventer, welche (1579) den katholischen Kultus gänzlich unterdrückte, wich. Im Jahre 1593 treffen wir Albertinus als Hofkanzlisten in Diensten

Wilhelms des Fünften und im selben Jahre mit Maria Glöckler[115]), der Schwester des Abtes des Klosters Hohenaltach, verheiratet. Mit dem Jahre 1596 wird Albertinus Hofratssekretär, und alsbald wirkt er nebenbei auch als Bibliothekar des Herzogs Max des Ersten; in seinen letzten Lebensjahren führt er den Titel eines Hof- und geistlichen Ratssekretärs. Nach einem überaus thätigen litterarischen Leben starb er zu München am 9. März 1620.

Albertinus hat es ohne Zweifel verstanden, die Zeit zu nützen und aus seiner Thätigkeit wiederum Nutzen zu ziehen. Sein Gehalt, das ihm der Herzog auf sein Bitten öfter erhöhte, war für jene Verhältnisse nicht gering; dazu hatte er litterarischen Nebenerwerb zur genüge und verstand es, in treuer Ausübung damaliger Sitte, bei Fürsten und Adeligen, Stadträten und Verwaltungen mit seinen Widmungen anzupochen, wofür er jedesmal ein hübsches Stück Geld einnahm. Wenn er trotzdem bisweilen, zunächst seinem Herzog gegenüber, klagt und besonders sich auf seine „vielhabenden" Kinder beruft, so dürfen wir daraus kaum schließen, daß der wackere Sekretarius Not gelitten habe. Im Gegenteile — er saß behaglich zu München in seinem eigenen Hause in schönster Lage an der Schäfflergasse, aus dem seine Witwe nach seinem Tode (1621) die hübsche Summe von dreitausend fünfzig Gulden gewann.

Des Aegidius Albertinus bedeutendste litterarische Leistung bleibt für die Geschichte der Litteratur natürlich seine deutsche Bearbeitung von Mateo Alemans Guzmán de Alfarache, die (1615) in München erschien. Damit eröffnet sich die lange Reihe der s. g. Schelmenromane, die mit dem „Abenteuerlichen Simplicissimus" des Jakob Christoffel von Grimmelshausen (1668) ihren Höhepunkt erreichten. Von diesem nach verschiedenen Hinsichten überaus bedeutenden Werke des Albertinus ist bereits an einer anderen Stelle eingehend gehandelt worden. Dies kann uns indessen nicht hindern, hier uns nochmal nach einer völlig anderen Seite hin mit dem Schriftsteller erschöpfend zu beschäftigen, dessen Wirksamkeit, wie die keines anderen, alles beleuchtet, was auf religiöse Anschauung, Aberglauben, häusliche Sitte u. s. w. des bayerischen Volkes nur irgendwie bezug hat. Wer des Albertinus Schriften lediglich unter diesem Gesichtspunkte betrachtet, dem wird es klar, nicht nur warum die Reformation dem altbayerischen Volke ferne blieb, sondern auch welche Folgen dieses Fernebleiben für dasselbe unmittelbar mit sich brachte. Abgesehen von unserm früheren Aufsatze über des Albertinus Stellung zur deutschen Litteratur erscheint es als Aufgabe dieser Zeilen, Albertinus ausschließlich in seinem Wirken als Volksschriftsteller der Gegenreformation in Bayern zu zeichnen und nachzuweisen, wie alle in jener Zeit herrschenden Ideen in seinen umfangreichen Schriften, deren Freiherr von Liliencron ²¹⁶) einundfünfzig aufzählt, Ausdruck fanden, wie alles, was in der polemischen Litteratur bisher zur Sprache kam, in seinen Werken sich treulich wiederfindet, wie diese also der sicherste Kanal wurden, durch welchen die Lehrsätze der Dogmatiker, die Einwürfe der Kontrovertisten, die Grundzüge der jesuitischen Lehre in die weitesten Schichten des Volkes drangen und gleichzeitig die in denselben herrschenden Anschauungen widerspiegeln. Unbewußt teilte sich auf diese Weise den Massen alles mit, was in den letzten Jahrzehnten aller Orten und in allen Formen gegen die Reformation geschrieben worden war, die ganze in strengkatholischen Kreisen entwickelte, bis ins kleinste polemisch gefärbte Weltanschauung über Gott und Kultus, Kirche und Staat, Ehe und Haus, kurz alles, was sich aus dem bewußten Gegensatze zur reformatorischen Weltanschauung heraus entwickelte. Albertinus besaß eine gewaltige Belesenheit, und wenn einerseits, wie Freiherr von Liliencron sagt ²¹⁷), seine Hauptzwecke „noch vollständig innerhalb des alten Schemas der scholastischen Enzyklopädie, wie wir es von Vinzenz von Beauvais her kennen", stehen, so ist ihm doch anderseits kein neuerer Schriftsteller, der in den ihm bekannten Sprachen schrieb, und besonders kein deutscher, entgangen, wie er auch Stellen aus Sebastian Brants Narrenschiff in seine Schriften eingeflochten hat ²¹⁸). Die Verse, welche unter seinem Bilde von Lukas Kilian (1579—1637) stehen ²¹⁹): „In libris vixi, requies mihi maxima libri", treffen bei ihm vollständig zu.

Wollen wir uns ein Bild von der schriftstellerischen Wirksamkeit des Aegidius Albertinus machen, so ist die erste Frage, wie er sich zu der ihn umgebenden Welt stellte, wie er sich zu Gott und seiner Schöpfung verhielt, was er sich von der letzteren dachte. Diese Frage aber können wir genau beantworten; denn ein dickleibiges Buch von mehr als tausend Seiten „Der Welt Tummel- und Schauplatz" ²²⁰) hat er (1612) drucken lassen, und was uns ganz besonders daran von Interesse erscheint, ist der Umstand, daß gerade dieses naturwissenschaftlich - asketische

Werk keine Übersetzung ist, sondern „durch Aegidium Albertinum, Bayrischen Secretarium colligiert" wurde. Albertinus steht, wie vorauszusehen, vollständig auf teleologischem Standpunkte. Was da ist, hat nur den Wert eines Symboles; was uns sinnlich umgiebt, ist nur ein Gleichnis für etwas Übersinnliches, und darin liegt auch sein einziger Wert. Wir brauchen, wie der Verfasser in seiner Vorrede an den Edlen von Kiepach zu Riedt sagt, nicht weit ausgreifen, um die Wahrheit zu finden, sondern wir „habens stehts vnd jmmerdar vor Augen / vnd wir findens in allen vnd jeden Creaturen vnd Geschöpfen GOttes / jnmassen zu sehen ist auß disem Buch / welches ich mit grosser mühe vnd arbait auß guten vnd bewehrten Autoribus colligirt."

Zu seinen Hauptquellen zählen natürlich die mittelalterlichen Physiologi, Bestiarii, Lapidarii und ähnliches, denen er stellenweise fast aufs Wort folgt. So entspricht z. B. sein Kapitel vom Einhorn genau dem altfranzösischen [221]): „Monosceros est beste un corn ad en la teste ... Beste de tel baillie Jhesu Crist signefle".

Wie gewaltthätig Albertinus schon die bloßen Namen der einzelnen Tiere und Pflanzen in seiner kühnen Etymologie seinen Zwecken dienstbar macht, zeigt jedes Kapitel. Damit steht er vollständig auf dem Boden seiner mittelalterlichen Vorläufer, z. B. der „Imago mundi" des Honorius von Autun [222]). Der Stern hat seinen Namen stella a stando, von stehen (41); das Wasser aqua, quasi aequa, das ist gleich / alweil es alzeit gleich ist (54); der Fuchß wird vulpes, quasi volipes genent / dann er hat gleichsamb fligende Bain (174); der Hund wird canis genent à canendo vom singen oder bellen (179); der Hase wird auff Lateinisch Lepus quasi lcuipes von wegen der geschwindigkeit seiner Füß genent (201); das Lateinisch Wort asinus ist quasi asedus, à sedendo vom sitzen / dann ehe vnd beuor man die Roß brauchte / pflegten die Menschen auff die Esel zusitzen. Andere sagen / dass es herkomme ab A & sinos, quod est sensus, quasi sine sensu (244); die Geis, capra wirdt also genennt à carpendo, vom abbeissen der Zweigen (283); porcus oder das Schwein wird also genent / quasi spurcus / das ist vnsauber oder kotig (291), sus oder die Saw wird also genent à subigendo, alweil sie mit dem Schnabel die Erd vmkehret / die Speiß suchet / vnd mit den Zähnen zerzackert. (290). Die Ratzen oder glires werden also genennt vom gliscere oder wachss[en] / dann den gantzen Winterlang seind sie vnbeweglich vnd ruhen samb weren sie todt / aber im Früling erwachen sie (297); cattus oder Katz wirdt also genent à capiendo *) oder Mäuß fahen (298); die Spinne oder aranea ist ein Wurm / vnnd wirdt also genent ab aëris nutrimento (326); die Impen oder Apes werden also genent quasi à pes / das ist / ohne Fuß / alweil sie ohne Füß geboren werden oder sich mit Füssen an einander verbinden (372); die Omeiß oder Formica ist quasi ferens micas (347), weil sie Getreide für den Winter sammelt; die hyaena heißt so ab hiando (160), weil sie stets nach Raub die Zähne fletscht; der Bär heißt ursus ab urgendo (164), weil er das Gefaßte steif hält und drückt. Der Vogel oder avis wird also genent vom a vnd via das ist / ohne weg, allweil er im Lufft keinen rechten weg helt (405); der Raiger oder Ardea wird also genennt ab arduo volatu oder schnellen flucht (429); die Schnack oder Culex wird also genent ab aculeo von wegen deß Stachels (525). Die Fisch oder Pisces werden also genennt à pascendo oder waiden / allweil sie in den Wässern / die Kräuter / vnd was sie sonsten finden / abfretzen vnd essen (563); der Salm oder Lachßfisch wird salmus genennt / à saliendo, vom springen / dann wann er beengstigt wirdt, pflegt er den schwantz in die höhe zu erheben vnd zuspringen / auff daß er entwischen möge. (591). Der Epheu heißt haedera ab haerendo (682), der Feigenbaum ficus à foecunditate, dann im Sommer trägt er drey oder viermal Früchte (686); der Wacholder juniperus = quasi gignens ignem (692); der Lorber Laudus (sic!) à laude (695). — Solcherlei Etymologien finden sich aber auch bei anderen Worten. Das Auge heißt oculus ab ocultando oder verbergen / denn das Aug wirdt von den Augbrämen bedeckt (929); die Nase nennt man nares quasi gnare, alweil sie von Natur abgericht ist, den Geruch zuunterscheiden (943); avris oder das Ohr wirdt also genennt ab hauriendo vocem (945), os der Mund ist quasi ostium (949), lingua die Zunge a ligendo oder lagendo (954), die labia oder die Leffzen à labendo (963), mentum das Kinn ist quasi mandibularum fundamentum (965), manus die Hände quasi munus (969) und zwar dextera à dando, sinistra à sinendo u. dgl., und wo er einmal an das Richtige streift, wie bei den Zähnen, dentes, die er quasi edentes bezeichnet, da fügt er doch (965) sogleich etwas Anderes bei, dementes, alweil sie den Speisen alzeit etwas benemmen.

---

*) Die gleiche Wurzel freilich hätte dann auch (nach S. 890) „Caput oder das Haupt des Menschen wird also genent à capiendo, alweil von dannen alle Sinn vnd Nerven Jhren anfang nehmen."

In nicht immer gelungener Weise bringt es Albertinus zustande, die Dinge der Welt mit den überirdischen, Wirklichkeit und Allegorien in Vergleich zu ziehen. Kaum ist Christus in dem ganzen Buche etwas nicht. Er ist der Regenbogen „soviel die Gestalt belangt / denn er war wegen seines herrlichen vnnd Heiligen Wandels sehr klar / vnd ein vnbefleckter Spiegel" (82); es ist „der allerstärckst vnd trewist Hundt Christus vnser Herr", der erzeugt wurde, als „das Tigerthier vnd der Hundt, das ist die Göttliche vnd Menschliche Natur, mit einander verainigt wurden" (183). Er ist der Walfisch, denn er ist groß und mächtig (569); auch durch den Lachs kann Christus verstanden werden (593); er ist „der wahre Delphin, welcher die Knaben / das ist die vnschuldigen liebet" (583), er stellt die Henne dar, die nach den Worten der Bibel die Küchlein schützet (561), er ist „der wahre Pellikan" (491), der königliche Falke und Habicht (423), er ist der Phönix (432), der Hahn (548), das Männlein der Turteltaube (453), die Taube (447), die Atzel (Elster), denn (Christus) „hat seine Jungen / nemblich die Heilige Vätter / in das Loch der Höllen verordnet / vnnd sie alldort mit der lieblichen hoffnung der zukünfftigen Erlosung ernehrt" (516); Christus vergleicht er ferner mit dem Seidenwurme (398), dem Elefanten (219), dem Einhorn (222) und in alther'kömmlicher christlicher Weise natürlich auch mit dem Lamme (288). Was eigenartig an diesen Vergleichen wirkt, ist der Umstand, daß manche dieser Tiere anfänglich nicht eben besonders gerühmt werden, ja sogar Tadel finden. Die Atzel ist ein geschwätziger Vogel. Durch ihn „werden verstanden die junge geschwetzige Mägdlein / welche von einem Hauß ins ander / von einem Tantz zum andern / von einem Hängart vnd Gunckel ²²³) zum andern springen biß sie letzlich geschossen vnd getroffen werden". Doch aber heißt es weiter unten: „Es kann auch durch die Atzel Christus verstanden werden". Die gewandte Dialektik unseres Symbolikers weiß aus allem etwas zu machen, wenigstens stets das, was er eben für angezeigt hält.

Nicht minder oft als das Göttliche ist symbolisch der Teufel in der Welt dargestellt. „Der Teufel ist ein böser Engel / welcher selbst freywilliglich von Gott gewichen vnd in seiner boßheit halßstarrig verbleibt. Die Teuffel seindt subtile Geister / feinde deß heils der Menschen vnd höchst begierig sie zu beschädigen / vnangesehen sie dessen keinen nutz haben: Vnd zu solchem endt verkehren vnd verenderen sie sich in allerhandt formen vnd gestalten / vnd brauchen allerhandt versuchungen vndt mittel, den menschen zuuerführen / zu betrüben / vnnd in den stand der Göttlichen vngnad vnnd verdammuß zusetzen". (14)

Es steht Albertinus noch nicht über Hrabanus Maurus, Giraldus Cambrensis, Gervasius von Tilbury, Alexander Neckham, Vinzenz von Beauvais und allen Verfassern jener mittelalterlichen Enzyklopädien ²⁷⁹), die mit seltener Gier alles Wißbare sich anzueignen und zu verarbeiten bemühten, wobei sie nur der eine Gedanke leitete, die Resultate ihres Forschens mit dem Wortlaute der heiligen Schrift in möglichsten Einklang zu bringen. Da boten sich nun gerade für den Teufel zahllose Anknüpfungspunkte.

„Der Trach ist der Teufel, welcher in dem warmen Ethiopia, das ist / in der heissen Höllen / wohnet" (314); er ist das „Tigerthier / sein Nest ist die Höll" (177); auch „durch den Löwen" wird „der Teufel repraesentirt" (150), obgleich zwei Seiten vorher der Löwe auch Christum darstellt. Das thut nichts zur Sache; denn ob auch die Hyäne eine nichts weniger als schmeichelhafte Darstellung erfährt, wird sie doch zuletzt (164) mit der Jungfrau Maria verglichen. Die Klippen dieser fortgesetzten Vergleichungen sind zu gefährlich, als daß jedesmal gewandt darüber hinwegzukommen wäre. Wenn er den demütigen Religiosen mit dem Esel vergleicht, der sich nicht beschweren darf (244), wenn ihm etliche Beamten, welche ihre Unterthanen placken, als die Flöhe erscheinen, die „hupffen vnd springen hin vnd wider / stechen / peinigen / schinden vnnd schaben" (164), die Wirte und Wucherer als Spinnen (329), wenn er „die Stätt und Dorfprediger, / die „von wegen der Suppen zu predigen" pflegen, und die tugendsamen, die nur „von Gottes wegen" predigen, wie „grosse oder gemeine Haußhunde" und „Jagdhunde" unterscheidet (183), so ist die Wirkung auf uns heutzutage nicht anders, als wenn er uns zuruft: „Dergleichen Häring sollen auch wir sein / vnd nicht allein fromb vnd nutzlich sein in vnser jugent / sonder auch in vnserem Alter", nachdem er wenige Zeilen von diesen Fischen gesprochen hat. (387).

Die Ketzer finden sich in schlimmer Gesellschaft. Sie sterben zweimal. „im Glauben und in der Liebe" (131); in langer Rede (301) vergleicht er sie mit den Katzen. Im Leben ist ihr „Verlangen" der „freye will, grosse Brunst vndt endtlichs verderben", und im Tode wirft man sie in die „höllische Schindtgrub", wie die Katzen in den Schindtgraben. An einer anderen Stelle (534) vergleicht er sie mit den Heuschrecken; unermeßlich ist die Plage, die sie über die Länder verbreiten, aber zuletzt fegt sie doch der Wind des Todes weg in das höllische Meer. So kömmt Albertinus denn auch auf Luther zu reden. Einen geflügelten Wolf nennt er ihn (873) „samt seiner Wölfin vnd Nonnen Catharina von Eißleben / dann was derselb mit den Flügeln seiner Menschlichen scientz / gelehrt: vnnd wolredenheit / vnnd mit den Flügeln deß Gunsts der Teutschen Fürsten / hin vnd wider in aller Welt / in dem Schafstall der Kirchen für ein tyrannisches metzgen begangen / das were ehender vnd leichtlicher zubewainen / denn zubeschreiben." Auch gelegentlich der Katze sagt er (209) „Wann auch die Katzen / das ist die Religiosen, wildt werden / das ist wann sie auß den Clöstern springen / apostatiren, Weiber nemmen vnd Praedicanten werden / alsdann seind sie vil boßhafftiger, gifltiger vnd schädlicher / dann andere / dann kein einiges schelmstuck ist jhnen zu groß".

Auf völlig mittelalterlichem Boden steht Albertinus auch mit seiner Anschauung über das Verhältnis der Welt zum Menschen. Was uns umgiebt, ist Trug und Verführung, die Werke der Schöpfung sind eigentlich nur Fallstricke für den schwachen Sünder. Der Mensch darf sich an nichts freuen, an nichts aufrichtig ergötzen; es könnte ein Werk des Teufels sein. Nur wer allem entsagt und alles gemieden hat, wer, in reinster Askese aufgegangen, scheuen Blickes durchs Leben zog, überall Arglist und Hinterhalt des ewigen Feindes seiner Seele ahnend, der hat den Kampf bestanden, den Sieg erfochten. Aber selbst die größte Vorsicht gewährt nicht unbedingte Sicherheit. Die fromme Nonne, die im Garten ihres Klosters sich des wachsenden Lattichs freut und ihn versucht, ahnt nicht, daß der Teufel in demselben steckt und sie nun von ihm besessen ist, ein Fall, der in den Dialogen Papst Gregors des Großen Erwähnung findet [225]). Eine ganz ähnliche Geschichte aber, wie der Teufel, in einem „Pomerantzen Apfel" versteckt, sich einer Frau bemächtigte, welche ihn aß, druckte man zu München [226]) zu des Albertinus Zeit (1608) und las sie mit unheimlichen Grauen, ob ihr Schauplatz auch „fern im Süd das schöne Spanien" war. Sie überbot fast einen anderen schrecklichen Bericht von einer besessenen Klosterfrau [227]) Johanna Fary (1589), in dessen Vorrede der geschäftige Adam Berg vom Teufel berichtet: „Sonderlich setzt vnd richtet er sich an die der Catholischen Kirchen zugethan / geistliche , blöde vnnd junge Weibspersonen , Inmassen allerley gewisse Exempeln / bezeugen." Der oft genannte Georg Scherer erzählte (Ingolstadt 1584) die „Historien von einer jüngst beschehener Erledigung einer Junckfrawen, die mit zwölfftausend sechshundert zweyundfünfftzig Teufel besessen gewesen", und im gleichen Jahre (Ingolstadt 1584) berichten die beiden Kleriker M. Sixtus Agricola (Bewerlein) und Georg Witmer eine „erschröckliche gantz warhafftige Geschicht", wie Apollonia, die Hausfrau Hanusen Geißlbrechts im Eichstättischen vom Teuffel besessen und geheilt wurde. Doch was bedurfte es des Bösen? An den grimmigsten Feind seines Heiles ist der arme Mensch ja ohnehin dauernd gebunden, nämlich an seinen Leib. Keiner seiner Gegner ist so mächtig, keiner so gefährlich, sodaß ein Zusammenleben von Seele und Leib nur ein steter, ununterbrochener Kampf sein kann. Wir kennen sie diese Streite zwischen Leib und Seele, wie sie in der vulgärlateinischen und altfranzösischen Litteratur etwas ganz Gewöhnliches sind ¹⁰⁰). Wie schlimm kömmt dabei der Leib weg, der für alles verantwortlich gemacht wird! Nicht anders als das Mittelalter denkt Albertinus. „Nicht allein," sagt er (895), „ist der armselig Leib ein schlechtes vnd gemeines Beth deß Schmertzes / sonder auch ein grabatum miseriae, ein sehr enges / verächtlichs vnd armseliges Beth / darinn die Seel vnd der Leib / wie zwei uneinige widerwertige Eheleut beysammen ligen".

„Der armselig Leib ist nichts anders als ein Zweig, der auß einer verfaulten Wurtzel herfür bricht" (893). Wer den Leib an sich besehen wollte, wird finden, „daß sein Leib nichts anders ist / als ein heßlicher / stinckender / vnfletiger Madensack / vnd daß er dermassen beschaffen ist / daß er sich seiner selbst schemet / vnd sich selbst nit mag anschawen / jmmassen Adam vnd Eva gethan / welche sich / als sie sahen / daß sie nackend waren / mit Feigenblettern bedeckten / auff daß sie sich selbst nit sehen noch anschawen solten. Dises ist das Beth der armseligkeit deß Leibs deß Menschen / darin der Mensch sich betrachten vnd sehen sol / wie sein Leib beschaffen ' was seine Seel darin leide / vnd was er für ein schwacher Zweig seye / der so gar leichtlich verdirbt / verzehrt vnd getötet wird" (896).

Wie Albertinus bei solcher Grundanschauung von dem Weibe — dem „eytelen vnd gebrechlichen Werk" (274) — denkt, läßt sich vermuten, und wird uns diese seine Meinung alsbald eingehender beschäftigen. Ihm ist das Weib nur „ein sehr bequemes

Instrument vnd Werkzeug des Teufels, durch welche er alles vbels in die Welt gebracht vnd vil weise und fromme Männer zu Narren gemacht vnd verderbt hat" [229]).
Über alles gießt Albertinus die Moralisation; nichts hat Wert an sich, sondern nur insoweit, als es höhere Dinge allegorisch darstellt; diese zu finden, ist unsere einzige Aufgabe. Die Seltsamkeit der Erklärung thut nichts zur Sache. Die geschwätzigen Wasserfrösche sind ein Bild der zarten wollüstigen Reichen. „Wie aber die Frösch keine Schwäntz haben, also haben dergleichen keine gedächtnuß jhres Endts vnd Todts / durch welche der Schwantz bedeut wirdt (358)."

Was an Fabeln, Moralisationen und Allegorien fünf Jahrhunderte lang in Umlauf war, finden wir getreulich bei Albertinus wieder, der sich mit seinem Vorbilde Vinzenz von Beauvais wahrhaftig „einen librorum heluo" — einen Bücherverschlinger [230])—hätte nennen dürfen. Die Quellen der einzelnen Wunderdinge, welche Albertinus von Menschen, Tieren, Pflanzen, Steinen erzählt, in den Physiologi, Bestiarii, Lapidarii u. s. w. des Mittelalters aufzufinden, fällt nicht schwer. Einige dieser seltsamen Geschichten klingen ja noch bis auf unsere Tage herab. Unter der Zunge des Hundes lebt ein Wurm, der Ursache der Wut wird (189); das Hirn des Bären ist vergiftet und wird darum samt dem Schulterblatte verbrannt, damit niemand davon esse (166); die Elefanten sind tugendsam und vollkommen; zur Zeit des Neumonds baden sie sich in Gruppen, neigen sich gegen den Neumond und ziehen dann wieder heim (210); die Maus wird erzeugt aus „den humorn oder feuchtigkeiten"; wenn der Mond voll wird, wächst ihre Leber, um mit demselben wieder abzunehmen; die Mäuse trinken nichts; wenn sie aber getrunken haben, sterben sie. „vnd jhr Harm / Gebiß vnd Schwantz ist vergifft", (294); der „Trach" ist infolge seiner innewohnenden Hitze so durstig, daß ihn kein Wasser genugsam erquicken kann; erblickt er ein Segelschiff, so fliegt er auf dasselbe zu, um sich dort Kühlung zu schaffen (318); der Maulwurf hat seine Augen unter der Haut; in der Angst des Todes springt dieselbe auf, sodaß er sterbend noch sehend wird (305); aus der Asche verbrannter Kröten entstehen andere junge Kröten (361), sowie der Phönix durch himmlische Kraft aus der Asche seines Vaters erzeugt wird (432); der Hahn trägt einen köstlichen Stein (alectorius) in sich; wird dieser weiß, so fürchtet ihn der Löwe „villeicht von wegen der krafft des Steins". (547), der Rabe hat vierzig" vnderschidliche Stimmen und etlicher mussen die Tugend des Weissagens (486); die Meerschnecke wird von dem Taue des Himmels befruchtet (660); die Hyäne wechselt ihr Geschlecht (161); die Meerspinne Sepia hat statt des Blutes eine „schwarze Dinte", bestreicht man damit eine Laterne, so sehen weiße Menschen schwarz wie Mohren aus (657); der Fisch Ephemerus wird ohne Befruchtung erzeugt, stirbt aber nach drei Stunden (662); der Smaragd ist heilsam gegen die Epilepsie; an den Hals gehängt, stärkt er das Gedächtnis, vertreibt Gespenster, stillt Blutungen und befördert die Weissagung (832); die Haupthaare sind eine grobe natürliche Feuchtigkeit, die aus dem Kopfe herausdringt und zu Haaren ausgetrocknet wird. „Was aber den Baart belangt / wächst derselb / wie die andere Haar auß dem warmen und dürren Rauch / vnd vmb wie vil vberflüssiger derselb Rauch ist / vmb so vil größer / dicker vnd länger wirdt der Bart: Vnd weil die Weiber solcher hitzigen vnd dürren Feuchtigkeiten beraubt seynd / so haben sie auch keine Bärt" (917).

Man wäre versucht, teils aus Interesse für die Naturgeschichte, teils aus litterarischen Gründen dies Kapitel auszudehnen, allein der Raum gestattet uns nicht, mehr anzuführen, und dem Zwecke, auf die uralten Quellen des Sammlers hinzuweisen, ist ja genügt. Den feierlichen Ernst, mit dem Albertinus seine Naturwissenschaft entwickelt, unterbricht er nur im Kapitel von den Hummeln, als welche er schlechte Geistliche, Faullenzer, Müssiggänger und seine besonderen Freunde — die Bettler und „Landstürzer" — bezeichnet. Schon in seinem „Guzmán" gedenkt er der „geschriebenen Bettlerordnung", hier aber entwirft er eine sehr witzige „Reformierte Bettelordnung", die kulturhistorische Blicke eröffnet.

Die Bettler müssen eine arge Landplage gewesen sein, wie sich aus dieser ironischen Bettelordnung ergiebt. In dieser befiehlt der Oberste der gesamten Bettelzunft, daß jeder Bettler zur Verteidigung einen beschlagenen Stock trage, neue Kleidungsstücke, die ihm geschenkt werden, sofort zu Geld mache und sich in Fetzen hülle; er soll „entlehnte Kinder" bei sich haben, die für ihn betteln; die Weiber sollen Kinder zur Schau tragen; wer selber Kinder hat, soll sie in Herbergen, Wirtshäuser und Kirchen schicken „mit befelch, daß sie für jhre alte vnd bethriesige Eltern das Almusen begeren" (389); haben die Kinder aber das sechste Lebensjahr hinter sich, so sollen sie ihr Glück selbständig versuchen, „aber doch mit dem beding daß sie dasjenig / was sie erbettelt und erobert haben", heimbringen. Keiner soll seinen Söhnen ein Handwerk lernen lassen, damit sie nicht etwa „auß der art jrer Eltern und Vorfahren gerahten". Jeder soll seine Kleider flicken, auch wenn sie nicht zerrissen sind; aber scheckig und vielfärbig müßten diese Kleider sein; ohne Gebet soll kein Bettler an die Thüren treten. Man fühlt den Unterschied der fast drei Jahrhunderte, die uns von ihnen trennen, nicht, da man des Albertinus Spott über die Bettlerzunft und ihre Privilegien so ziemlich auch noch auf die heutigen Verhältnisse anwenden kann.

Können wir des Aegidius Albertinus Kosmologie und damit seine ganze Anschauung über Gott und Welt und ihr gegenseitiges Verhältnis aus diesem von ihm „colligierten" Buche „Der Welt Tummel- oder Schauplatz" entnehmen, so ist es ein überaus günstiger Zufall, daß ein anderes, gleichfalls nicht übersetztes, sondern von ihm zusammengetragenes Werk „Der Teutschen recreation oder Lusthauß" (1612)[231]) seine ganze historische Anschauung widerspiegelt, sodaß wir des Schriftstellers Grundideen nicht bloß zur Ethik, sondern auch über alle Weltereignisse vor uns haben, ehe wir sie aus anderen zum teil nur übersetzten Werken in großen Strichen zusammenzusetzen beginnen. Das umfangreiche Buch mit seinen 1645 Textseiten umfaßt vier Abschnitte, Biographien der berühmtesten Männer und Frauen von Adam bis Christus, von Christus bis Kaiser Otto dem Ersten, von Otto dem Ersten bis Karl dem Fünften, von Karl dem Fünften bis Kaiser Matthias.

Die Vorrede gewährt uns einen interessanten Einblick in die Auffassung des Autors. Er spricht von den schönen Künsten, kommt aber zu dem Schlusse, daß die Kunst des „schönen vnnd zierlichen Schreibens / Componirens vnd Stellens alle anderen übertrifft, „vnd ist das mahlen oder schreiben mit der Feder .... vil besser / fürtrefflicher / vnd gemein nützlicher vnd löblicher / weder was da beschicht mit dem Pensel oder Griffel / dann jene ist vil dunckler / vnd nur bei den Idioten vnd Vngelehrten vhlich, es seind auch deren / so da fürtrefflich vnd berümbt in derselben gewest / sehr wenig / nemblich Apelles, Zeuxes (sic!), Praxiteles, Albrecht Dürer, Michel Angelus, aber diese Kunst deß wol vnd zierlichen Schreibens / beschicht nur durch gelehrte / hochuerständige / herrliche fürtreffliche Männer". Da er „von Jugent auff bei der Feder herkommen", machte er sich an dieses Werk — „der gantzen Teutschen Nation / in ihrem jetzigen laidigen

vnd höcht gefarlichen zustandt vnnd wesen / zu einer recreation vnnd erlustigung".
Vorerst ziehen die biblischen Gestalten und die Figuren des klassischen Altertums an uns vorüber. Wir sehen Seth, den Erfinder der hebräischen Buchstaben: daneben den ersten hispanischen König Tubal; Jakob und den ersten deutschen König Tusko, und stets dabei moralisierende Vergleiche und Allegorien. Friedlich reiht Albertinus unter die Menschen und Könige mythologische Gestalten, wie Aeskulap, der „die Wundartzney / die Apoteckerey / die krafft der Kräutern vnnd das außbrechen der Zän erfunden" (53). Dares Phrygius gilt ihm natürlich als der bedeutendste Historiker des trojanischen Krieges, „deme er selbst beygewohnt" (100), sowie auch Dictys Cretensis, was er geschrieben, „selbst gesehen" hat (101). Religiöse und sagenhafte, historische und fabelhafte Gestalten aller Nationalitäten stehen dicht neben einander, während am Rande die Jahreszahl treulich angeführt ist. Die Jungfrau Maria hat ihre Stelle (476), wie die „Königin" Circe (95), der Stifter der Druiden Druyus (124) ebenso, wie Numa Pompilius, der „vil Kirchen vnd Collegia / der Pontificum / wie auch (wie man sagt) das berümbte Stifft oder Closter der Jungkfräulichen Vestalen" baute (189). „Homerus war ein vnehelicher Sohn eines Weibs, welche Criteis genennt vnnd von Cuma in Aeolia bürtig war" (165). Merkwürdigerweise erwähnt Albertinus seiner Blindheit nicht; wohl aber läßt er ihn zu los „auß lauter traurigkeit" sterben, weil er ein ihm von einigen Fischerknaben gestelltes Rätsel nicht zu lösen vermochte. Herodots Historien hält er seltsamerweise für „ein lauters gedicht vnd fabelwerck" (311); Euripides ist „wegen seiner keuschheit ein Feindt der Weiber" genannt worden (318); für Livius hat er nur die Anerkennung des hl. Hieronymus zu wiederholen (474). Mit sechs Zeilen thut er (1023) Albertus Magnus ab, länger verweilt er bei Berthold Schwartz, dem Erfinder des Pulvers. Er weiß ihm dafür wenig Dank; denn es werden „dadurch die allersterckiste vnnd dapfferiste Soldaten / Reuter vnnd Knecht schendtlich vnd vnversehens vmbs leben gebracht / dann die herrlichste / fürtrefflichste vnd dapfferische Männer werden nidergefelt durch etwann ein schlimmen / verzagten / heillosen Menschen" (1064).

Unwillkürlich sucht man das Kapitel über Guttenberg, den Erfinder der Buchdruckerkunst, die gewiß zu einem Vergleiche herausforderte. Und so ist es auch! Wie die italienischen Humanisten die deutsche Erfindung mit Entzücken begrüßten [282]), wie Jakob Wimpheling „die heilige Kunst" preist, kurz alles für sie begeistert war [283]), so stimmt auch Albertinus ihr Lob an und meint (1091) gewiß mit Recht: „Löblicher ist der vorbemelte Joan Gutenberger / denn jener welcher das Geschütz erfunden / dann das Schießen mit dem Geschütz tötet die Menschen vnd zerstöret die Stätt / Schlösser vn[d] Vestungen / aber dise Kunst ist ein wunderbarliche vnd Göttliche erfindung / durch welche die Menschen die erkentnuß aller scientzen erlangen / vnd die wissenschafft der herrlichen vnd fürtrefflichen thaten der Kaiser / Könige vnd Völcker haben mögen." Der Personifikation der Druckerkunst aber ruft er zu: „O herrliche Göttin / o großer Trost / o schöner Lust / niemaln schepfet man einen verdruß an deinen Wercken / dann du consentirest / vnd erquickest alle Geister vnd sprichst zu jhnen: via melancolia." Seine aufrichtige Begeisterung für die Buchdruckerkunst ließ ihn, was angesichts der reformatorischen Litteratur dem Gegner derselben doch so nahe lag, nicht bedenken, was mancher Zeitgenosse fühlte, daß diese große Erfindung doch ein Schwert sei „gleich schneidig zum Guten wie zum Bösen" [284]).

Unter den Helden der Vorzeit nimmt Roland eine hervorragende Stelle ein (817), sowie der fabelhafte Sohn eines Bären und eines schwedischen Mädchens, der ritterliche Ursus (871). Aus Saxo Grammaticus (III, 15) nahm Albertinus die Geschichte von Hamlet — Ambletus (227) — fast wörtlich. Dort schon sind alle Hauptzüge der Shakespeareschen Tragödie, sein verstellter Wahnsinn, der Mord des Polonius u. a. zu finden. Freilich schließt Saxo Grammaticus, und mit ihm unser Schriftsteller, Ambletus hätte den Herkules übertroffen, woferne ihm das Glück so günstig gewesen wäre, wie die Natur. Während also in England das gewaltige Trauerspiel auf die Zuschauer wirkte, erzählte der bayerische Sekretär, wohl dessen unbewußt, den Inhalt desselben seinen gläubigen Lesern, indem er seinen Hamlet ins Jahr 3394 versetzt und zu einem Zeitgenossen des Servius Tullius, des Amasis, Bias und Solon macht.

Auch die Helden der damaligen Schulkomödie fehlen natürlich bei Albertinus nicht. Der wirksamen Geschichte des indischen Königs Auennir und seines Sohnes Josaphat [285]) widmet er fünf Seiten (800), und auch des bekannten Doktors von Paris, des Cenodoxus, den der Jesuit Bidermann so trefflich bearbeitet hatte, vergißt er nicht (942) [286]).

An Boccaccio tadelt er, daß er zwar „vil kurtzweilige, aber nit allerdings passirliche sachen geschriben / deren auch etliche von der Christlichen Kirchen verbotten" wurden (1055); Petrarcas gedenkt er als „sehr subtil vnd geschickt" (1053), während er den Dantes Algerius einen „fürtrefflichen Poeten" nennt, der „ein seltzames Buch componiert" habe (1045).

Selbstverständlich verweilt er bei den bayerischen Herzogen; meist befleißt er sich, wie bei Ludwig dem Bayern (1043), ängstlicher Zurückhaltung; wohl erzählt er, daß er „für einen Ketzer erklärt" wurde. „Aber er fragte wenig darnach". Auch den „vnlateinischen Priester" mit seiner Taufformel „Baptizo te in nomine Patria et filia" verlegt Albertinus nach Bayern (837). Vergeblich verlangte der hl. Bonifazius die Wiedertaufe der auf diese Weise Getauften; die kirchliche Obrigkeit erkannte die Giltigkeit des Sakramentes auch nach dieser Spendung an.

Läßt sich schon aus der Darstellung der früheren Jahrhunderte die Gesinnung unseres Autors erkennen, so tritt dieselbe natürlich im vierten Teile klarer hervor, da wir ja vor den Reformatoren und ihren Vorläufern stehen. Wenn er bereits des Muhammed, des „schändlichen, verächtlichen Menschen" mit Empörung gedacht hatte, so mußte er jetzt die Religionsneuerer der Reihe nach darstellen. Schon Savanarola war nichts als ein Aufrührer (18); das „böse vergiffte Maul" Wiclefs (42), die Neuerungen des Huß (43) bespricht Albertinus ziemlich objektiv; keine Schonung aber hat er für Luther (80ff). Man sagt, daß der Teufel in der Gestalt eines Jubilierers mit seines Vaters Weib Gemeinschaft gehabt habe, und Luther selbst gestehe ja, „daß er und der Teufel einander gar wohl kennen". „Die Teutsche Bibel verteutschte er nach seinem aigenen Kopff und gefallen / verfälschte sie vilfeltig / schmirte gifftige Glossen an den Randt / setzte weltliche Reim drein". Wie Luthers Leben, so war auch sein Tod. Teufel durchschwirrten die Luft, als er starb, und Raben flogen in Scharen über seiner Leiche von Eisleben bis Wittenberg. In Gele in Brabant aber waren die Dämonen auf jenen Tag aus allen Besessenen entwichen, weil sie im Sachsenlande weilten, wohin ihr „Fürst vnd Obrister Ertzteufel" sie aufgeboten, „daß sie zur begräbnuß seines grossen vnd außerwöhlten Werckzeugs vnd getrewen Mithelfers Lutheri / der jetzt gestorben / zusamen kommen solten / dann es were billich / daß derjenig / welcher so vil hundert tausend Christlicher Seelen in den höllischen abgrundt gestürtzt hatte /

ebenmessig dorthin von vilen hunderttausend Teufeln beglaitet würde". Ein Vergleich Luthers mit Muhammed schließt das Kapitel. Nicht besser natürlich ergeht es Luthers Anhängern. Melanthon hat noch „einen Geschmacken der Catholischen Milch / welche er gesogen hatte in seiner Jugent"; er erklärte auch: „die newe Religion ist vil anmütiger, aber die alte ist vil sicherer" (143). Calvin „hatte einen vil subtilern Geist dann Luther" (145); ja anderswo sagt er, Melanthon und Luther haben zuletzt „kalvinisiert". Zwingli, der „jrrige Schwindelgeist", hat mit seiner teuflischen Lehre das ganze Schweizerland in Aufruhr gebracht (147); und so geht es natürlich weiter über Karlstadt, Osiander, Jakob Schmidel und die übrigen deutschen Männer der Reformation, denen als Gegenstück Ignatius Layala (sic!) gegenübergestellt wird (182).

Auch die Wiedertäufer finden eingehende Beachtung, doch nicht wie Luther, der stets geschmäht wird, da er „das Creutz Christi" in Europa zerstörte, wie Cortez es in Mexiko pflanzte (52). Noch so manches Mannes gedenkt Albertinus, wie des französischen „Schalksnarren" Rabelais und des besten Poeten in Frankreich, des Clément Marot (175); sowie des Alchemisten Bragadino, der in München „wirkte" (181). Auch seines gnädigen Herrn des Herzogs Maximilian vergißt er nicht, und man könnte nur wünschen, daß die einleitenden Worte dieses Artikels (413) stets und überall für Albertinus maßgebend gewesen wären: „die Tugenten (spricht Herr Michaël Montagne) soll man loben / vnangesehen sie vnder einem Turbant oder in einem Türcken stecken".

Vielleicht haben wir schon zu lange bei diesen beiden Büchern geweilt. Allein zu einer Würdigung der Gesamtleistungen des Albertinus scheinen sie geeigneter zu sein, als alle anderen Schriften des Mannes; denn nicht nur sind sie sein eigenes Machwerk, sie zeigen auch die Quellen, welche ihm zu gebote standen. Es ist nicht unschwer, für seine religiösen, asketischen, historischen, naturwissenschaftlichen, litterarischen Exkurse dieselben nachzuweisen. Aus diesem Nachweise aber ergiebt sich eine umfangreiche Belesenheit des Autors und die reiche Förderung, die ihm sein Amt als Bibliothekar des Herzogs gewährte. Kein Name ist ihm unbekannt; gründlich versteht er die alten Sprachen, nicht minder die modernen, unter denen er, wie zahlreiche in seine Schriften eingeflochtene Stellen darthun, besonders das Spanische bevorzugte. Diese Liebe zu Spanien hat ihren Grund nicht nur in religiösen Erwägungen; viele Niederländer hatte die rücksichtslose Unterdrückung des katholischen Glaubens in ihrem Vaterlande zu demonstrativer Parteinahme für die Spanier getrieben [238]).

Nachdem wir nun des Albertinus grundlegende Ideen gesehen haben, verlohnt sich ein Blick auf die Art und Weise, wie er dieselben in seinen zahlreichen Schriften seinen Zeitgenossen mundgerecht machte. Kulturhistorisch muß dies Streiflicht um so interessanter sein, als kein Zweifel besteht, daß diese Anschauungen des belesenen Sammlers zugleich auch jene des katholischen Südens Deutschlands waren, ehe der große Krieg ausbrach.

Obenan in der Christenheit steht natürlich der Papst. Seine Macht erstreckt sich auf die Könige und christlichen Fürsten; desgleichen auf die bürgerlichen Gesetze, „die er auffheben vnd vertilgen mag / wofern sie zum schaden der Seelen gereichen / oder den heiligen Canonibus zuwider seindt: Ebenmäßig auff das Natürliche vnd Göttliche Gesetz / indeme er dieselbe interpretiret vnnd erklärt [239])". Eingehend erörtert Albertinus die weitgehenden Rechte des Papstes; ihm anzuhangen, ist Christenpflicht; denn wer „vnder der Sorg und Gehorsamb deß Bapsts nit ist, der ist nicht in der zahl der Schafen Christi, sonder der Böcken des Sathans". Freilich schützt die Zugehörigkeit zur katholischen Kirche nicht allein vor dem ewigen Verderben. „O erschreckliche Zeitung", ruft er aus [240]), „daß wenig Catholische Christen werden in Himmel kommen! ... O wie vil Häuser vnd Geschlechter seind vnder den Catholischen, in denen, wo nit alle, doch der maiste Thail oder auffs wenigst einer, zur Höllen fährt"!

Die Ueberzeugung von der Einheit der Kirche unter dem Papste zu Rom bedingt natürlich das Urteil über die Ketzer. Alle Erzketzer sind vor ihren Neuerungen unkeusche Priester oder mutwillige Mönche gewesen. Die Ketzerei aber bringt böse Früchte; denn es „verwerffen die Ketzer die alte Lehre vn[d] Lehrer der Catholischen Kirche. Am andern verdammen sie den Römischen Papst / nennen jhn einen Antichristen vnd Obristen Diener des Sathans, der sich selbst zu einem GOtt mache vnd Christum bekriege" [241]). Darum kann auch bei den frommen Uebungen der Ketzer keine Wahrheit sein. „Der Teufel hat die jetzige Ketzer in der Kirchen erweckt, die sich der heiligen Schrifft stattlich berühmen, zierlich predigen, nur jmmendar das Wort GOTTES im Mundt führen, vndt das Volck darmit segnen, aber wann mans recht beim Liecht anschaut, so befindt sich, daß sie sagen, daß das Fasten vnkräfftig seye, daß der ledige vnd keusche Standt von den Priestern nicht gehalten werden könne, daß die Beicht der Sünden vnunnöthen, die genugthuung vndienstlich, die strenge bueßfertigkeiten eitl, die Walfahrten aberglaubisch, vnd die Opffer der Messen ein grewel seyen ²⁴²)". Sie widersprechen durch falsche Erklärung der Schrift und fälschen das göttliche Wort ²⁴³); das Lesen der ketzerischen Bücher verführt „vil herrliche vnd fürtreffliche ingenia" ²⁴⁴). Nur zum Scheine üben die Ketzer christliches Mitleid und verordnen „etliche geistliche Güter zu vnderhaltung der armen alten Leuth vnnd Studenten" ²⁴⁵).

Schärfer noch als in „der Teutschen recreation" geht es über Luther in der „Historia vom Ursprung der Ketzereien" her, einem Buche, das aus dem Französischen des Florimond de Remond übersetzt ist. Dort ist Luther „derjenig Münch / welcher den Christen so vil seufftzer vnd vergiessung der zähern verursacht hat", der da kam, „auff daß er die ordnungen der Gesetz der Kirchen vmbkehrte; aber in eben demselben Jahr (1483) ward eingesetzt die heilige Inquisition, welche da war ein schrecken vnd verhinderung deß vngestümmen lauffs der Ketzerey" (36. 37). Die Charakteristik, die er von Luther (68. 69 ff.) entwirft, ist leidenschaftlich heftig, sowie überhaupt dieses Buch an Seltsamkeiten (man lese z. B. die Teufelsbeschwörung 339) mancherlei enthält.

Nun ist allerdings Albertinus gegen die Schäden seiner Kirche nicht einmal völlig blind. Er geißelt das unziemliche Leben vieler Kleriker und schlägt in der Vorrede zu den drei letzten Teilen seiner „haußpolicey" (1602) ein frommes Leben des Geistlichen als beste Bekämpfung der neuen Lehre vor. „Vil faule Münch vnd Nonnen seynd gleichsamb faule Bolsterhund / verachten alle arbeit / setzen das wirckliche leben hindan / vnd wöllen zum müssiggang der Contemplation fliegen" ²⁴⁶). Ernstlich redet er den Prälaten ins Herz, „kurze Predigen aber lange Werke zu thun". „Wöllen die Vorsteher ein Frucht schaffen bey jhren Zuhörern, so muß jhr Leben gleichförmig seyn jhrer Lehr" ²⁴⁷). Nicht minder eifert er gegen „die vermainte Köchin oder Baeseln, welche ohn alle scheuch an den Priestern vnd Geistlichen hangen, vnd sie dermassen bezauberen, daß dieselbigen ohne sie nicht leben können" ²⁴⁸). Was Nikolaus von Cues als das Ideal einer Reformation im Auge hatte ²⁴⁹), das lebte im Sinne der ehrlich Denkenden noch lange fort, als die Stürme derselben ihre Träger weiter gerissen hatten, als sie selber anfänglich zu gehen dachten.

An alle Stände stellt Albertinus hohe Anforderungen. Auch der Herrscher soll ein guter Christ sein; „dann wann ich frey rund darff reden / sage ich / daß er nicht würdig ist ein König zu sein / der nicht ein Eyfferer ist der Göttlichen Ehr" [250]). Leider aber bleiben die einzelnen Stände weit hinter den Anforderungen zurück, welche Albertinus an sie stellt.

Auf die Polititik ist Albertinus schlimm zu sprechen, und der herzogliche Sekretarius mußte ja doch mehr als andere von ihr wissen. „An der jetztwehrenden Politischen Falschheit ist fürnemblich jener Ertzbub Machiauellus schuldig, dann derselb hat die Fürsten vnd Herren fein hurtig vnd lustig abgericht, wie vnd was gestalt sie wegen der zeitlichen vnd zergenglichen Hochheit, Herrschung vnndt Wohlstandts, den wahren Glauben vnd Andacht gleichwohl außwendig erzeigen sollen, vnangesehen sie demselbigen inwendig im Hertzen zuwider seind". Diese Schüler Machiavells tragen stets „die Larfen" vorm Gesicht, „daß man nit wissen kann, was doch eigentlich in oder hinder jnen stecke, ob sie Lutherisch oder Catholisch, Kalt oder Warm, Freund oder Feind seyen" [251]).

Auch die Adeligen, die doch Albertinus gleichfalls aus nächster Anschauung kennen mußte, sind ihm nicht gerade sehr sympathisch. Wie Shylock die Gleichberechtigung der Juden und der Christen nachweist, so hebt Albertinus an: „Ist nicht die Menschliche Natur einerley? Ist nicht vnder den Edlen vnd Unedlen eben der vnterschidt, welcher da ist zwischen einem dapffern Gaul vnnd zwischen einem schlechten gemeinen Pferdt? Lieber, sag mir, in weme doch die Edelleut fürtrefflicher seyn, den die Unedlen? werden sie nicht krank? Hungert sie nicht? Durstet sie nicht? frieret sie nicht? werden sie nicht alt? vnd sterben sie ebenso wol als die Unedlen? Oder seind sie villeicht wegen jres Adels lenger, stärcker, schöner, oder gesunder, denn andere? Sihest du nicht, daß bißweilen auß dem gemeinen Pöfel etliche vil herrlichere, fürtrefflichere vnnd dapfferere Männer entspringen, denn aus dem Adel" [252])?

Von den Richtern und Beamten ist Albertinus wenig erbaut. „Man find bißweilen Richter vnd Beampten, deren gantzes thun vnd lassen erfüllt ist mit vortheil, eigennützigkeit vnd boßheit: Reden sie, so reden sie auß list vnd falschheit, schweigen sie still so gedenken sie etwas böses: . . . . . Wann dergleichen Richter vnd Beampten sehen, daß jhnen nichts verehret oder geschenckt wirdt, so suchen sie mittel vnd gelegenheit jren Vnderthanen oder Nachbarn einen schaden oder beschwer zuzufügen" [253]). Aber auch in ihr Amt sind sie meistens schon durch Bestechung gekommen; denn nur der erhält ein solches, von dem „am besten ist geschmieret und bestochen worden" [254]).

Nicht besser ergeht es den Advokaten. Zwar ist ihr Amt „löblich vnd notwendig, aber gemeiniglich regieret der Geitz dermassen bey ihnen, daß sie anstatt der Beförderung vnd verthätigung der Gerechtigkeit vnd Warheit, sie verhindern, vndertrucken vnd verfolgen, bißweilen bey den Parteyen dienen, durch alle Sigel vnd Brieff, sie seyn so kräfftig, wie sie jmmer wöllen, ein Loch reden. . . . . . Wann der Teuffel krank ist, schmeckt jhm nichts besser, als ein Pasteten von Zungen der bösen Prokuratoren vnnd Aduokaten, Hergegen ist die Zung der frommen vnnd gewissenhafften Aduocaten ein Speiß der Engeln" [255]). Die Mehrzahl der Advokaten aber ist leider nur mit den Ketzern zu vergleichen, und das will im Munde unsers Autors viel heißen. Ja noch weit ärger als diese sind sie; denn „ein Ketzer versündigt sich unwissentlich / vnd vermaint / daß dasjenig zu glauben seye / was er den Menschen rathet / aber ein böser Aduokat rathet dem Richter das jenig zu thun / welches er waist / das es vnthunlich vnnd vnrecht ist". Öfter noch kömmt er auf diese „Harpyen", „des Teuffels Schützen" zu sprechen [256]).

Keines günstigeren Rufes erfreuen sich im Zeitalter des Albertinus die Ärzte; das allgemeine Urteil ist auch das unseres Schriftstellers. Wenn sie selber leiden, helfen sie sich mit „Weinbeersaft", andere aber heilen sie mit „Holtz vnd gesottenem Wasser", und das alles noch um schweres Geld [257]. In seinem „Lusthause" (241) weiß er von dem Judenkönige Asa nichts zu berichten, als daß er in seiner Krankheit seine Zuflucht nicht zu Gott, sondern zu den Ärzten nahm und starb. Zwar leugnet Albertinus die Notwendigkeit der ärztlichen Kunst nicht, ebensowenig, daß es auch viele feine Männer unter den Ärzten giebt, aber dem steht ein entsetzliches Bild dieser „Beutelzauser", die mit ihren Pillulen, Rebarberen und Syrupen den Patienten den Magen verderben und das Herz „verdistilliren", entgegen. „Eine grausambkeit ists, wenn einer den Hencker bezahlen vnd befridigen muß, der jhne hinrichtet: Die Artzten aber thun eben dergleichen; dann nachdem sie den patienten hingericht haben, so forderen vnd begeren sie jr artztgeld vnd besoldung ²⁵⁹)". An einem anderen Orte ²⁵⁹) klagt er noch heftiger über die Ärzte, die nichts studiert, sondern „den gradum in Welschlandt erkaufft haben". Wohl hat er bestimmte Vorgänge im Auge, wenn er entrüstet ist, daß sich bisweilen sogar Apotheker erkühnen, „die Kranckheiten an den Fürstlichen Höfen zu heilen." „O wie vil tausend Menschen", jammert er, „sterben vnnd verderben durch die vnwissenheit vnnd vngeschicklichkeit oder eperientz solcher vermeinten Artzten." Sie helfen zu nichts, als um mit ihren Roß- und Elefantenträncklein die Apotheker zu bereichern. „Für eine Kunst halten sie es / wann sie dem Pacienten heut ein Puluer / morgen ein Trunck / vbermorgen ein Klistier / dann ein Aderlaß / verordnen / folgens die Köffer ²⁶⁰) aufsetzen / zum Fontanell vnd Holtzwasser rathen / jhne lestlichen ins Badt schicken / vnd so lang peinigen, biß jhm die Seel ausgehet." Mörder und Unholde bringen die Menschen unbarmherzig um, die Ärzte aber „fein höflich vnnd solenniter", und das kostet noch Geld. Wiederum schließt er: „Derwegen ist das Ambt eines Henckers vil sicherer / weder das Ampt eines Medici, dann die Hencker richten niemandt ohne vorhergegangnen sententz, aber die Medici tödten die vnschuldigen praeter omne udicium, wider alle Menschliche vernunfft vnd billicheit" ²⁶¹).

Was die Astronomen betrifft, so weiß er nicht absolut Bescheid. Er lobt das Studium an sich, giebt auch zu, „daß auß den Bewegnussen der Himmlischen Leiber vil zukünfftige eventus der Dingen dependiren, zumaln in den dingen / so auß vnserm freyen willen nit ergehen" ²⁶²); doch aber findet er nichts närrischer, „als daß der Mensch zu wissen begeret was oben im Himmel beschicht / da er doch nit waist / was vnden auff Erden in seinem Hause vnd villeicht mit seine[m] eignen Weib beschicht", und erklärt die Astrologi iudiciarij als „lautere Narren vnnd Fantasten."

Auch die Alchemisten sieht er mit denselben Augen, wie die gesamte zeitgenössische Litteratur, an. Zwar ist die „Distillir Kunst" „loblich vnnd nutzlich", aber die „Sect der Goldkünstler" scheint ihm „ungehewren nächtlichen Gespensten" vergleichbar. Sechs Stücke folgen „nach des Italieners(?) Worten immerhin aus der Alchemie: Mühe, rauch, Hunger, Gestanck, frost vnd Galgen" ²⁶³). Auch im Kapitel über Theophrastus Paracelsus ²⁶⁴) eifert er gegen die „lächerlichen Feuerblaser". Luzifer ist ihm anderswo ²⁶⁵) „der allererst Alchimist", und mit den „Ingenierer" zählt er die

Alchemisten zu jenen, die sich „grosser seltzamer vnnd newer vnnatürlicher Ding vnderfahen" und in die Falle des Galgens oder des Teufels geraten ²⁶⁶).

Es giebt keinen Stand, den uns Albertinus nicht in der Farbe seiner Zeit vorführte. Stellt man alles, was der Schriftsteller über die einzelnen Glieder der Gesellschaft spricht, z. B. mit der Gesetzgebung dieser Tage, mit gewissen Verordnungen und ähnlichem zusammen, so gewinnt man aus Albertinus ein sicheres Kulturbild der inneren und äußeren Zustände Altbayerns um die Wende des sechzehnten Jahrhunderts. So gedenkt er auch der Studenten und ihrer Gepflogenheiten in einer Weise, daß wir oft einen bekümmerten alten Herren zu seinen Söhnen sprechen zu hören glauben. Wie immer, versichert er einleitend, daß es natürlich recht tüchtige Studenten giebt; aber — und in dem Aber des Albertinus liegt ja immer die Hauptsache — viele derselben sind „frech / vngehorsamb vnd geben nicht einen schneller vmb jhren Praeceptorem" ²⁶⁷). Sie machen Schulden in Masse; „anstatt der Schulen besuche[n] sie die Wirths / Tantz / Spiel vnd noch wol ärgere Häuser / lernen zierlich Tantzen / lieblich auff der lautten schlagen / kleyden sich prächtigklich . . . . . vnnd seindt lähr an scientzen."

Und doch dürfen wir den Armen, die sich ihrer akademischen Freiheit vielleicht allzusehr freuten, nicht gram sein. Hatten sie ja schwere Tage der Schuldisziplin bei groben Lehrern hinter sich, welche die „Knäblein vil vnbarmhertziglicher gaißelen vnd hawen, denn die hencker, vnd zwar dermassen, daß sie in vil Tagen kaum gehen, ligen noch sitzen können" ²⁶⁸).

Vor allem eifert Albertinus gegen den Besuch französischer und italienischer Universitäten, da an denselben unter hundert Studierenden kaum zehn geraten und nichts heimbringen „als lange zotlichte Haar / einen vnreinen Leib / ein verächtliche Seel / einen hoffertigen vnnd vbermütigen Geist / ein lähren Beutl vnd einen sehr kleinen verstandt".

Haben wir nun in einigen, freilich kurzen Zügen des Schriftstellers Anschauungen von Natur und Welt, Staat, Kirche und Gesellschaft gesehen, so erübrigt uns noch ein flüchtiger Blick auf das innere Leben, den Menschen in Familie und Oeffentlichkeit; und dadurch gewinnen wir volle Einsicht in die asketische Auffassung, welche Albertinus von dem Dasein hat.

Nicht, wie dem Dichter, ist ihm das Weib die Krone der Schöpfung, sondern der Mann. „Ohne allen zweiffel vnd vnwidersprechlich ists / daß das Männliche Geschlecht / vil edler vnd fürnemmer ist / denn das Weibliche" [269]). Durch die ganze Natur, bei allen Tieren erweist sich dieser Vorzug, daß „die Mänlein einer vil edlern art / hitzigern Eygenschafft vnd grösser stercke seind / denn die Weiblein". Selbst bei den Planeten sind die männlichen wirkungsvoller, als die weiblichen. Gott selbst hat befohlen, daß man ihm männliche Tiere opfere, und aus des Mannes Rippe stammt die Frau, die dem Manne, der „causa", dem „principium activum" nur als eine „administratrix der materi" gegenüber steht. Sie schuldet dem Manne unbedingten Gehorsam. Des Mannes Sitten sind ihr von Gott als ein Gesetz auferlegt, nach dem „sie leben vnd sich verhalten solle . . . Vil gehorsamer vnd willfähriger soll sie dem Man sein, denn ein erkauffte Sclauin oder Leibeygne Magd / dann erkaufft vnd erworben hat er sie / auff daß sie sein Leibeygne sein solle / im wehrenden leben / vnnd in erzeugung der Kinder".

Zwei Dinge treten an dem Weibe am fühlbarsten hervor; einmal ist „(wie Aristoteles sagt) das Weib ein vnvollkommener Mensch" [270]), dann aber ein „fürnemmes Instrument des Teufels" [271]). Von dieser Grundidee geht er aus, und sie wiederholt er an unzähligen Stellen oft mit denselben Worten. Darum kann nur die äußerste Vorsicht gegen das Weib schützen; denn „schier alle Männer werden durch Weiber betrogen vnnd verführt; die Welt wirdt maistentheils durch Weiber regirt" [272]).

Nun kennen wir unsers Autors Art. Meist schickt er die Bekräftigung voraus, ehe er ganze Stände und Personen angreift, daß es unter ihnen auch anständige Leute gebe. Ein Weib, das „deß morgens die erste auß dem Bette ist", überall mitarbeitet, wäscht, bäckt, spinnt, ist wohl nicht zu verachten [273]). Ja, „vil were zusagen von dem nutz / welcher vns von den frommen vnd tugendsamen Weibern erfolget", aber eigentümlich! „vmb der geliebten kürtz willen" — ein Vorzug, den man sonst an Albertinus nicht rühmen kann, — muß er dies „vnderwegen lassen" [274]), während er über weibliche Schwächen sehr beredt sich ergeht.

„Die schönheit deß Weibs ist ein starcker Leimb / Seelen darmit zu fahen" [275]): darum soll man auf dieselbe nicht sehen; denn „ein einiges Fieberlein machet der schönheit den garauß" [276]). Albertinus ist deshalb ein entschiedener Gegner schöner Weiber.

„Wer ein schönes Weib nimbt / der bringt ins Hauß ein süsses gifft vnd guldine Fueßeysen [277])". Er muß wie ein Knecht allen Launen dienen; „die mittelmessig schöne Weiber", für welche Albertinus überall eintritt, „seindt solcher Laster befreit, dann sie seind gemeinklich demütig / freundtlich vnd annemblich [278])"; ihm gilt es als feststehend, daß die schönsten Weiber die größten Närrinnen sind, es ist also „ein schönes Weib gemeinklich närrisch / vnuernünftig / vnbeschaiden vnd sogar vnnützlich" [279]), ja „die allerschönsten Weiber find man im gemeinen Frawenhauß" [280]). — Vor sechs Jahrzehnten hatte der Münchener Stadtpoet Christophorus Bruno so ziemlich das Gleiche gesagt und sich gleichfalls für eine „mittelmessig haußfräwliche schöne" [281]) entschieden.

Die Schwäche der Frauen macht aus ihnen nun freilich Gestalten, denen alle denkbaren Mängel anhaften. Das Weib ist geschwätzig infolge einer natürlichen „weibischen Schwachheit". Besser ruft man ein Geheimnis auf offenem Markte aus, als daß man es einem Weibe anvertraut [282]). „Selten findt man ein Weibsbildt / welche nit fürwitzig were / denn sie seind allesambt begirig / newe Ding zusehen vnd frembde geheimbnuß zuwissen" [283]). Das Weib ist grausam, sowie es nur die Macht hat, die Grausamkeit zu üben [284]). „Die begierdt der Rach ist vil wütiger vnd grausamer in dem Weib, denn in keinem einigen andern Thier" [285]). Da Albertinus dies beweist, überbietet er noch Hamlets bekanntes Wort „Schwachheit, dein Name ist Weib"!, indem er sagt, diese weibliche Rachgier „wechst auß der schwachheit / dann weil das Weib dermassen schwach ist / daß sie die schwachheit selbst ist / so ist sie dermassen rachgirig / daß sie die rachgirigkeit selbst ist".

Auch dem Zorne sind die Weiber mehr als die Männer unterworfen; sie „zürnen aus Vnverstand gar leichtlich" und „seynd bald auff" [286]). Die Eifersucht „regiret mehrers vnd stercker" in den Frauen als in den Männern [287]), sowie das Weib überhaupt in allen Dingen, die es liebt oder haßt, „keck und vermessen" ist und weiter geht als der Mann [288]).

Das Kapitel ließe sich weit ausspinnen und unterhaltlich gestalten; allein es würde sich auch das Meiste wiederholen. Des Albertinus asketische Grundlage zaubert ihm natürlich ein Bild der Frau vor, dem man entfliehen oder mit aller Willensstärke entgegentreten muß; daß Gott dies Wesen doch geschaffen, daß er selbst zuhause ein solches Weib sein eigen nannte, sind Widersprüche, die er zu lösen sich nicht untersteht. Wohl mag er in den Ruf des Iason [289]) in Euripides' „Medea" eingestimmt haben, daß es den Menschen kein Unheil wäre, keine Weiber zu haben, wenn man Kinder anderswoher erwerben könnte. Indessen hat nicht jeder Tadel, den Albertinus vorbringt, einzig und allein in seiner asketischen Weltanschauung seinen letzten Grund. Die Weiber seiner Zeit müssen zu mancher ernsten Klage berechtigte Veranlassung gegeben haben. „Kein grössere pein noch marter kann das Weib dem Man zufügen / als wann sie ihm vrsach gibt zum eyfferen" [290]). „Aber leichter ist eine Wanne voller Flöh zu hüten / denn ein liederliches Eheweib". Der untreuen Frauen muß es übrigens sehr viele gegeben haben; denn „wofern alle diejenige Männer veracht vnnd gleichsamb für vndüchtig gehalten solten werden / welche Hörner tragen .... so würden bißweilen vil Ratsherren auß dem Rath müssen" [291]).

Die Putzsucht muß groß gewesen sein. Vor allem ärgert sich Albertinus über die Kühnheit, mit welcher die gewöhnlicheren Stände mit den höheren in ihrer Kleidung wetteifern. „Hadt ein Handtwerks, Mahlers, Goldtschmidts, Singers, Bierbrewers, Metzgers, Schuesters, Schneiders Weib oder Tochter gelt / so kleyden sie sich eben so stattlich vnnd prächtlich / als die Hof- vnd Burger frawen" [292]). Dazu kömmt die Unsitte des Schminkens. „Quecksilber, Schlangenschmaltz, das Koth von Nattern, Mäusen, Hunden oder Wölfen / vnnd sonsten vil andere schändliche vnd stinckende Ding, die ich scham halber nicht nennen darff", brauchen sie „zu solchem jhrem Anstrich" [293]). Was nebenbei Albertinus in seiner derben Weise von den schmutzigen Frauen sagt [294]), wird ihm wohl kaum jemand verargen.

Was uns aber an den Frauen des Albertinus am meisten entsetzt, das ist ihre Unmässigkeit im Essen und Trinken. In „Luzifers Königreich" widmet er den „Fraß- und Sauffweibern" ein eigenes Kapitel, in dem er vornehmlich der Unsitte des übermäßigen Essens gedenkt, das nach seiner Darstellung Opfer in Massen kostet (198—201) und besonders bei Wöchnerinnen sehr häufig ist [295]). Der „Landstörzer Gusman" hat auf seinen Reisen in Deutschland betrunkene Weiber gesehen, die „auf offener Gassen vnnd plätzen blitz platz voll herum störcklen [296])". Seine Frau war ja selbst „ein Teutschin vnnd deß sauffens gewohnt", „biß sich Lung vnd Leber in jhr entzündete" [297]).

Manchmal trifft Albertinus aber auch das Rechte, wie im ersten Abschnitte seines „Weiblichen Lustgartens", wo er warm dafür eintritt, daß die Mutter ihr Kind selber säuge. Auch glaubt er in seiner ernsten Weise, den Weibern die Anweisung zu einem richtigen Leben geben zu können. Vorerst muß die Frau arbeiten. „Vmb wie vil mehrers die Weiber zu den wollustbarkeiten geneigt / vnd durch den Müssiggang erweicht werden können / vmb so vil mehr gebürt jhnen die arbeit vn[d] stete vbung" ²⁹⁹). Freilich glauben die Weiber jetzt, Trägheit vnd Nichtsthun sei ein „theil deß adels vnd hochheit"; allein ein müßiges Weib ist „stark genug, eine ganze Stadt, ein ganzes Königreich zu verderben." Früh aufzustehen ist der Frau erste Pflicht ³⁰⁰); ja selbst „Penitenzen, bußwerk im Fasten vnd kasteyen deß leibs" sicht Albertinus der Frau, woferne sie nur in ihrem Hauswesen aufgeht, gerne nach ³⁰⁰). Dafür verlangt er auch nichts Anderes von ihr. Fürwitz dünkt es ihm, wenn eine „musiciren, singen, auff Lauten vnnd Instrumenten schlagen" kann ³⁰¹); denn das ist nur der Weg zur Verführung. Nur fürs Haus geschaffen und in demselben wirkend, jeder freien Beschäftigung ferne; abgesondert und abgeschlossen von jeder Gesellschaft, unempfindlich für „Schauspiele, Komödien, Mummereyen, Täntze vnd Hochzeiten" denkt sich Albertinus das Weib, eine Sklavin des Mannes, die ihren Gatten lieben, auf jeden Fall aber wenigstens „förchten" muß. So wird ihm natürlich auch die Ehe nichts Anderes als ein notwendiges Uebel. Könnte man sie entbehren, so wäre das wohl das Beste. Er vergleicht sie mit einer breiten Landstraße, die zwar nicht gerade beschwerlich ist, auf der man aber doch straucheln, irren und in Gefahr geraten kann; denn „die bedienung deß Mans / das Regiment deß Haußwesens / die gute erziehung vnnd vnderweisung der Kinder / gebüret dem Eheweib / vnd darzu gehört ein großer fleiß vnd sorgfeltigkeit" ³⁰²). Diese Eigenschaften aber sind selten, und das Wort des Königs Alfons von Aragonien, daß der Ehestand nur friedlich sein könne, „wan der Man daub vnd das Weib blindt wirdet" ³⁰³), findet seine volle Anerkennung. „O klägliche vnd ellende früchte deß Ehestandts", ruft er aus. „O wie selig vnd vber seliger ist der Standt der Junckfrawen / welcher vmb alle solche armseligkeiten nichts waist" ³⁰⁴). Kurz und gut: „Ein Weib nemen / ist ein schlechter handel / vnnd ist bald geschehen / aber sie biß zum ende ernehren / halte ich für eine Kunst ³⁰⁵)". Leichter ist der Schritt ins Kloster, da kann man wieder herauskommen; aber das Heiraten ist etwas, was man „nicht gerewen" kann ³⁰⁶). So gewinnt er, um die Wahrheit zu sagen, der Ehe nur insofern einige sittliche Achtung ab, als er sie als göttliche Einrichtung ansieht, „damit die fleischliche sünd vnd laster bezwungen würden / vnd ein vereinigung vnd Bandt der Lieb zwischen den Personen deß Mans vnd Weibs were" 807). Seine eigene Anschauung freilich verrät er an einer andern Stelle 808), wo er selbst die Ehe als eine — wenigstens läßliche Sünde bezeichnet. Und so zielen auch alle seine wohlgemeinten Ratschläge für die Wahl eines Weibes darauf ab, weniger persönlicher Neigung zu folgen, als eben jene Lebensgemeinschaft einzugehen, aus der „vil fürtreffliche Diener Gottes, Junkfrawen / verehelichte Frawen / Wittiben / Martyrer / Beichtiger vnd Lehrer entspringen / durch welche in krafft deß heiligen Geistes / die Catholische Kirch erhalten wirdt" 809). So rät er wiederholt, daß nur Leute gleichen Standes, gleichen Vermögens, gleicher Art zusammenheiraten sollen, und das in jungen Jahren 810). „Das Weib sol im sechtzehenden Jahr heuraten / und der Man im fünffvndzwantzigsten. Ein solches junges Mädlein sol er nehmen, damit er ihr in solcher zarten jugent die gute sitten einpressen / vnd sie ihm leichtlicher gehorsamm, willfehrig vnd vnderthenig machen könne. Die Wittwen seind vbel zu gewehnen vnd abzurichten" 811). Die Nichtbeachtung dieser und ähnlicher Ratschläge ist ihm an einer anderen Stelle 812) die Ursache, warum Eheleute oft so schlecht hausen oder gar sich scheiden lassen.

Ist nun so schon das Weib nichts Anderes als die Verführung, so ist natürlich jede andere Lust der Welt noch ungleich schlimmer. Er haßt die Komödien und Schauspiele; „dann dergleichen ding seind gefehrliche Lehr vnd Schulmeister in der lieb / vnd die gastereyen vnd offentlichen Schawspiel seind schedliche Waffen der vnlauttern Göttin Veneris vnd Cupidinis" 813), von denen man die Töchter ferne halten soll. Wie die Kunst selber, so sind die Künstler „eitele, liderliche, verschlagene, arglistige, vnverschambte vnd gottlose Leut" 814).

Doch mehr noch als das Schauspiel haßt Aegidius das Tanzen, „welches ohne zweiffel ein griff vnd fund ist deß Teuffels / durch welches er vil böses stifftet vnd die böse gedanken erwecket". Vor allem den Weibern steht es schlimm an. „Das Dantzen vnd musiciren" soll einer Jungfrau fremd sein, „allweil mehrmals ein funcklein der vnordenlichen neygung vnd lieb deß Dantzers zu springen pflegt in das zarte Hertz der Junckfrawen / welche mit ihm dantzet" 815).

In verschiedenen seiner Werke widmet er dem Tanze und den gleich gehaßten Musikern besondere Kapitel. Aus Gottes eigenen Worten (Ezech. 25) beweist er die Sündhaftigkeit des Tanzes und kann nicht begreifen, daß sogar Geistliche predigen, es gebe auch einen zulässigen Tanz; denn „die schendtlichkeit dieser vbung des tantzens kan ein weiser Man leicht abnemen / wann er die junge vnd frechen Leuth siehet mit einander tantzen". Unverantwortlich findet er, daß man junge Leute tanzen lehrt, ja sogar „Meister vnd offne Schulen findet / auff denen diese torheit erlernet vnd ergriffen wirdet".

Ein echtes altbayerisches Kirchweihfest scheint Albertinus vorgeschwebt zu haben, als er schrieb: „Wor vnd wardurch begeben sich mehr mordt / todtschlag / zank vnd raufthändel / als eben beym tantz? wo geschieht grössere vnzucht ... als eben beym tantz. Was nirgents kan zusamenkommen / noch mit einander reden / das kombt auff den täntzen zusammen / daselbst ist alles frey / daselbst helt man einander nichts für vbel / daselbst kommt lieb vnd lieb zusammen / daselbst steckt man einander ein holdtseliges vnd liebreiches Brieffel oder Ringel in die Handt" [116]).

Auch an anderen Stellen läßt Albertinus durchblicken, daß er mit der Erlaubnis der Obrigkeit, Tänze aufzuführen, nicht einverstanden ist, da uns die Natur die Füße nicht dazu gegeben hat, „daß wir sampt den Camelthieren springen sollen". Das Tanzen kann nicht ohne Sünde verlaufen, „allweil der Teufel selbst dessen ein Vater vnd erfinder ist". Obwohl man auch schon zu Albertinus' Zeiten die Mädchen zum Tanze führte, damit sie „desto ehender verheuratet" werden mögen, bleibt er doch auf seinem Grundsatze stehen: „das allerärgiste ist, daß man sonderbare [117]) Tantzmeister hat, durch welche die Jugent in solcher Eytelkeit vnderwisen vnd abgericht wird". Und Eitelkeit ist es ja gewiß, „wie ein Gaiß zu hüpfen" und Beweise „seines liederlichen vnd leichtsinnigen Kopffs" zu geben [118]).

Diese Idee bringt er wiederum anderswo vor: „Nicht schwer kann da sein der Kopff dessen / der seine Füß so liederlich bewöget vnd vmbspringt wie ein Aff"? Das Tanzen ist und bleibt für ihn „ein inuention deß Sathans und ein Stratagema oder Kriegsbößl / welches er erfunden hat die Höll zuerfüllen". Tanzend eilt der Christ „zu der Metzgbanck der Höllen ... Was kan aber vnbedächtlicher vnnd eyteler sein / als daß einer wie eine Kuhe oder Kalb zum Todt gehet tantzendt hupffendt vnd springendt?"

Demzufolge ist natürlich der Tanzplatz nichts Anderes, als ein „Theatrum, allda der Teuffel die jenige Seelen widerumb gewinnet, welche er inn der Kirchen hatte verloren" [119]. Selbstverständlich giebt es für Albertinus auch nur „göttliche Music vnnd gesang"; denn „die weltliche Gesäng vnnd Musicspil vndertrucken den Geist Gottes" [120]. „Ein elende vbelgestimmte geigen, ein erbärmliche Zitter" treibt die Weiber ans Fenster [121], das „musiciren vn[d] Saitenspil seind nichts anders als erwecker der bösen gedancken / vnd Kupler aller vnerbarkeiten" [122].

So sucht Albertinus in allem die Wurzel jeder nur irgendwie auftretenden Unzukömmlichkeit rücksichtslos zu vernichten, gleichviel was alles unter den Hieben seiner Axt fallen muß. Wenn nur die Gelegenheit zur Sünde genommen ist, kann die Sünde nicht wuchern. Wie Luther, ist er ein grosser Gegner des Trunkes; das veranlaßt ihn aber, sich gegen die Wirte zu kehren; denn in die Tafernen, Herbergen und Wirtshäuser zieht der Teufel seine Opfer, und von zwanzig entwischt ihm kaum eines. Der Wirt erzieht „Fresser und Saufer", weil er ihnen giebt, was sie begehren, unbekümmert um ihr Heil. So sind die Wirtshäuser „Zunder vnd Schul aller jrrdischen vnd hellischen Laster", der bequemste Ort, darin „die Weltmenschen jhre Laster, Muthwillen vnnd Vnzucht vollbringen, vnd jhr Müthlein abkühlen"; in ihnen hat der Teufel „sein bestes Seelengejaidt" [123]. Die „Wirth, Tafernirer vnd Gastgeb" aber sind „die jenigen faullentzer, welche weder studiren noch arbeiten mögen" [124].

Wir dürfen überzeugt sein, daß Albertinus „die vnzüchtigen Comaedien vnd Schawspil / item die Buelerische Bücher", die „ergerlichen Bücher der gelehrten" weit ausdehnt und darunter manches Werk begreift, von dem wir ganz anders denken. Ihm ist „das lesen der prophanischen vnnd mit Lugen vnd träumen erfülten / vnd von eytelen erlogenen Menschen beschribner vn[d] gemachter Bücher ein närrisches vnd eyteles Ding" [125]. Die Gesetzgebung jener Tage spiegelt treulich des Albertinus Anschauung wider, alles und jedes zu verhüten. In seinem „Weiblichen Lustgarten", der gewiß alles eher ist als dies, können wir das Erziehungsideal jener asketischen Tage erblicken. Die nach diesen Prinzipien erzogene Jungfrau mochte ja der Sünde ferne bleiben, aber sie ist in einem Gefängnisse herangewachsen. Dabei ist Albertinus gerecht. Mit gleicher Strenge warnt er die Jungfrauen, „an andere andechtige orth Walfahrten gehen zu lassen" [126], als er sie vom

Tanzplatze ferne hält. Freilich überrascht uns so manche Sitte oder, besser gesagt, Unsitte, gegen welche Albertinus eifert, nicht wenig und flößt uns ein seltsames Urteil über die viel gepriesene „gute alte Zeit" ein.

Es war eine gedrückte Atmosphäre in welcher man atmete, eine düstere Anschauung von der Welt, „in der alles unrein ist", ein Dasein, wo, um Fausts [327]) Worte zu gebrauchen, selbst das liebe Himmelslicht trüb durch gemalte Scheiben bricht. Der Teufel, dessen Macht Albertinus so eingehend geschildert hat [328]), der den Nonnen von Montefalco arg nachstellte und sie „vexiren vnd betrüben wolte" [329]), ist der einzige Herrscher dieser Welt; entsetzlich aber wird die Qual des Verdammten [330]), der dem Fürsten dieser Welt zu widerstehen zu schwach war. Seine ganze Weltanschauung hat Albertinus in die Worte gehüllt, die man über seine sämtlichen Werke setzen könnte: „O wie grosse Narren seindt diejenigen / welche auß disem thal deß Jammers ein Paradeiß machen wollen: Nicht zu Babel ist die wahre Frewd zufinden / sondern in Sion vnndt in der fridlichen Statt Jerusalem [331])".

Wie sich nun der einzelne dieses Babel und Sion dachte, das blieb für sein Leben entscheidend. Für Albertinus und seine Richtung war der stille Genuß der reichen Gaben der Vorsehung, die kindliche Freude an der Schönheit des Geschaffenen, der bewegte Dank an den Schöpfer für dieses Gefühl der Freude bereits Babel. Für ihn giebt es nur Kasteiung. Einige, rühmt er, „legten sich nackendt in Schnee: Andere verbrennten jhre Finger: Andere welzten sich nackendt in Disteln vnd Dörnern vmb; dann ohne strenge Buß kann der Leib nit bezwungen werden". In schwerer Askese, im Abweisen jeder erlaubten Lust sah er mit den meisten seines Jahrhunderts die „fridliche Statt Jerusalem". Und doch spricht aus ihren Werken soviele Seelenangst und sowenig wahrer Friede!

Es unterliegt keinem Zweifel, daß Aegidius Albertinus der bedeutendste Volksschriftsteller der Gegenreformation in Altbayern ist. Jedes Wort, das er gebraucht, jedes Beispiel, das er anführt, jede Wendung, der wir bei ihm begegnen, ja selbst die Sprache ist bewußt gegen die Reformation gerichtet. Nur aus den entschiedensten Gegnern der lutherischen Lehre, aus den erprobtesten Vorkämpfern des alten Glaubens holt er seine Beweise, seine Anekdoten, sein gesamtes Wissen. Daß er am Hofe des ersten und bedeutendsten katholischen Fürsten Deutschlands wirkte und zu einer Zeit schrieb, wo die schwersten geistigen Kämpfe mit den Andersgläubigen bereits gefochten, über Sieg und Niederlage bereits entschieden war, erhöht uns das Interesse an seinen Schriften. In ihm spiegelt sich die gesamte Gegenreformation, ihre Litteratur vom gelehrtesten lateinischen Traktat bis zur populärsten Flugschrift wider. Er kannte alle Bücher, die in diesen stürmischen Zeiten erschienen und verarbeitete sie in seinen Werken für das Volk.

Albertinus will nur ein Volksschriftsteller sein und nur für einen Zweck, die Verteidigung des alten Glaubens, schreiben. Dieser Drang, in alle Schichten der Bevölkerung in leichtfaßlicher Weise das zu verbreiten, was ursprünglich für und von Gelehrten geschrieben wurde, ist maßgebend für seine Sprache sowohl als Ursache mannigfacher, oft wörtlicher oder doch sehr ähnlicher Wiederholungen. Die Hauptgedanken, die wir entwickelt haben, ziehen sich durch seine zahlreichen Schriften durch und kehren immer und immer wieder. Sie zu verbreiten, die Massen mit ihnen vertraut zu machen, ist die Hauptaufgabe, welche sich der Schriftsteller gestellt hat. Und sie gelang ihm. Noch heute folgen wir nicht ohne Teilnahme seinen Erzählungen; seine Zeitgenossen aber griffen gierig nach seinen Schriften, was ihre weite Verbreitung und ihr rascher Absatz beweist. Gedenkt doch noch im Jahre 1770 das Intelligenzblatt (Extrablatt 21) des Albertinus und seiner „aufrichtigen Sprache".

Die völlig mittelalterliche Färbung des Albertinus, sein direkter Zusammenhang mit den enzyklopädischen Schriftstellern der frühesten Jahrhunderte läßt uns einen tiefen Blick in die Auffassung der Geister jener Tage thun. Die mystisch-asketische Grundlage der damaligen Bildung mußte die einzelnen, schärfer Denkenden in religiösen Dingen zur Skepsis, die Massen zum blinden Aberglauben führen, dem Schlimmsten für das wirkliche Gedeihen wahrer Religiosität, einem Krebsschaden, an dem Bayern im vorigen Jahrhunderte noch so schwer litt, daß es Schlossers bittere Worte nach dieser Hinsicht leider verdiente.[332]) Inmitten dieser allseitigen Befangenheit und geistigen Unmündigkeit traf das deutsche Volk der schwere Schlag des dreißigjährigen Krieges. Zur Zeit, da in England die Bahnbrecher der modernen Wissenschaften die ersten Grundlagen jener gelehrten Vereinigung legten, die bald ihr Licht über Europa hin verbreitete, hatten die Deutschen den Schutt ihrer zerstörten Gehöfte wegzuräumen. Wer Aegidius Albertinus genau gelesen hat, kann sich ein Bild des Eindruckes machen, den diese Jahre voll Not und Kampf auf die Geister ausübten, welche die Anschauungen ihres so gerne gelesenen Schriftstellers teilten, ohne seine Bildung zu besitzen, und was die unausbleiblichen Folgen dieser Jahre sein mußten. Es ist eine von verschiedenen Seiten anerkannte Thatsache, daß die Herstellung einer Geschichte der deutschen Litteratur in Bayern eine Arbeit ist, bei welcher Deutschland und Bayern unendlich gewinnen wird [335]). Noch bedarf es Jahre langer, ernster Forschung, um an die wissenschaftliche Lösung dieser ebenso schwierigen als lohnenswerten Aufgabe mit einigem Erfolge gehen zu können. Wie immer aber auch die Resultate derselben sein mögen, wie viele hervorragende Namen bayerischer Schriftsteller dabei zur gebührenden Würdigung gelangen werden, es besteht doch kaum ein Zweifel, daß Aegidius Albertinus unter allen als der bedeutendste Volksschriftsteller der Gegenreformation anerkannt werden wird.

Quellennachweise.

[1] Grundriß zur Geschichte der deutschen Dichtung aus den Quellen. 2. Afl. Zweiter Band (Dresden, 1886). S. 1.
[2] Dr. Wolfgang Menzels Literaturblatt 1859. No. 103. (24. Dezb.) S. 409.
[3] Kap. 99. S. 93. Sebastian Brants Narrenschiff, hrg. von Friedr Zarncke. (Lpz. 1854). - - Vgl. auch S. 441 ff.
[4] Beclagung eines Ley | ens genant Hanns schwalb | uber vil mißbrauchs christenlichs | lebens | vnd darinn begriffen kürtzlich vo[n] | Johannes Hussen. Jm Jar | M. D. XXI.
    Ich Hanns Schwalb das gedichtet hab
      Gott bewar allen frummen eer vnd hab
    Schlecht geschriben oben hin
      Bitt ain yden wöll setzen sein zill dahin
    Gutter vermanung auch steen bey
      Ab zu tilcken den vorbehalt aller büeberey
    Wann so ain yetlicher solte schweygen still
      So würd dester grosser jr mutwill

Dann sie habens lang getriben an
Gott wil es die leng nimmer han
Gott hats gelitten manig lange jar
Wir habens vmb jn verdient ist war
Mit vnsern grossen sunden schwer
Das wir seind gutter tugent leer
Darumb last vns bitten Jhesum christ
Das er den frummen Martinum frist
Der zu nutz der armen christenhait
Gottes lob / vnd eere auß brayt
Vns armen leuten all zu trost
Das wir mit jne werden erlost
Darumb bitt Maria vnnd jren sun
Das er uns fur jn seinen himels tron
A M E N.

(4 fol. ohne Druckort.) S. Panzer, Annalen II, 42., wo auch eine frühere Ausgabe verzeichnet steht, die anstatt der Verse auf der ersten Seite einen Holzschnitt hat. — Gödeke, Grundriß II, 241 (§ 139).

[5] Kaspar Winzerer und sein Lied. Oberbayerisches Archiv (1889), Band 46. S. 12 u. 13 und vornehmlich Anmerkung auf S. 13.

[6] S. J. Baader, Chronik des Marktes Mittenwald. (Nördlingen 1880) S. 160

[7] Monumenta Boica, Band VII. S. 215.

[8] Jahrbuch für Münchener Geschichte, Band 4 (1891), S. 53. 54. und S. 131. 132.

[9] Siehe hierüber vornehmlich Felix Stieve, Das kirchliche Polizeiregiment in Baiern unter Maximilian I. (1596—1651), München 1876. S. 2 u. 5. und August von Druffel, Die bayerische Politik im Beginne der Reformationszeit 1519—1524. Mch. 1885. S. 29.

[10] Vgl. Am Eschermitiche 5. März 1522. Mandat der bayerischen Herzoge Wilhelm und Ludwig gegen alle Glaubensneuerung aus München. Weller, Suppl. S. 27, No. 236.

[11] A. v. Druffel, a. a. O. S. 30.

[12] Stieve, a. a. O. S. 7 ff. — Sugenheim. Bayerns Kirchen- und Volkszustände im sechzehnten Jahrhundert. Gießen 1842. S. 67 ff. — Anton Winter, Geschichte der Schicksale der evangelischen Lehre in und durch Baiern. München 1809. — Man vergleiche darüber Sigmund Rieziers hochinteressanten Aufsatz „Die treuen bayerischen Bauern am Peissenberg" (1525) (Sitz.-Ber. d. phil.-philol. u. hist. Klasse der k. b. Akad. 1891. Heft V. S. 708 ff.) und Kyrlanders Urteil über den Bauernkrieg S. 82 dieser unserer Abhandlung.

[13] Vgl. Jahrbuch für Münchener Gesch. (1890) Bd. IV. S. 52, 131. — Scharf ist das Urteil des französischen Gesandten Marillac an König Heinrich aus dem Jahre 1550: „pour n'avoir qualité digne de prince que le nom qu'il porte, car tout son mestier, Sire, c'est de boire et jouer aux dez" (S. August von Druffel, Beiträge zur Reichsgeschichte 1546—1551. Münch. 1873. Vorr. IX und S. 461).

[14] Vgl. über ihn Jahrbuch f. Münchener Gesch. (1889) Bd. III. S. 70 ff.

[15] CATECHISMVS ROMANVS ex Decreto Concilii Tridentini . . . . Antwerpen (Plantiana) 1572.

[16]) Datiert Monachii, die S. S. Simperti 1570.
[17]) S. Jahrbuch für Münchener Geschichte, Band III. S. 443.
[18]) S. Döllinger, Die Reformation, ihre innere Entwickelung und ihr Wirken im Umfange des Lutherischen Bekenntnisses. (Regensburg 1846.) S. 2 ff.
[19]) S. Litteratur bei Gödeke, a. a. O. II, 9. — Allgemeine Deutsche Biographie, Bd. VII. S. 214.
[20]) Allgemeine Deutsche Biographie, Bd. X. S. 7. Auch Finauer hat ihr in „Allgemeines Historisch Verzeichniß gelehrter Frauenzimmer" (Mch. 1761) eine Stelle (I. 111) angewiesen
[21]) Allgem. Deutsche Biographie, Bd. VIII. S. 149.
[22]) S. Gödeke, a. a. O. II, 242; 6. — Allgem. Deutsche Biographie Bd. I. S. 156. Kobolt, Gelehrten-Lexikon I, 15; II, 6.
[23]) S. Gödeke, a. a. O. II, 243, 10. Andere Opfer s. bei Winter, a. a. O.
[24]) S. Gödeke, a. a. O. II, 243, 9.
[25]) Vgl. den langen Abschnitt: „Wider den Gottlosen Apostaten / Stephanum Agricolam" in „Wider die böse Sieben / In Teufels Karnöffelspiel ¦ M. Cyriakus Spangenberg. | Koloph. Gedruckt zu Eisleben / durch | Vrban Gaubisch 1562".
[26]) Bayerische Bibliothek Bd. I. Martinus Balticus von K. v. Reinhardstöttner. S. 63 und Jahrbuch für Münchener Geschichte, Bd. IV. S. 437. 438.
[27]) A. v. Druffel, Die bayerische Politik u. s. w. S. 54.
[28]) Ebenda, S. 13.
[29]) A. v. Druffel, Beiträge zur Reichsgeschichte 1546—1551. (Vorrede).
[30]) Jahrbuch für Münchener Geschichte I, 116, 183. II, 59.
[31]) Approbatio miraculi quo adolescens claudus, praesenti Numinis ope a S. P. Ignatii S. J. fundatoris patrocinio, in templo S. Michaelis anno 1628 16. Martii pedum usum recepit. (Dazu Kupferstich von H. C. Smischek. Apud Cornel. Leyserium 1628. — [Vgl. No. 2964 in Ludw. Rosenthals Katalog 83.]
[32]) Allgemeine Deutsche Biographie, Bd. XXXI. S. 102.
[33]) Rettung der Jesuiter | Vnschuld wider die Giftspinnen | Lucam Osiander . . . . . Ingolstadt (Dav. Sartorius). 72 S.
[34]) Kobolt, Baierisches Gelehrten-Lexikon I, 709; II, 286. — Zahlreiche Schriften des überaus schreibseligen Vetter erschienen unter dem Namen Konrad Andreae (Siehe Seite 70).
[35]) Historische Erzehlunng | Von dem Jungkfraw ¦ kloster St. Benedictordens zu Rigen / wie | wunderbarlich dasselbig von der Zeit an / als sich die | Lutherische Ketzerey erhebt / so lang erhalten / biß es den ¦ Patribus der SOCIETET JESV, eyngeant- | wort vnd übergeben worden . . . . . . Ingolstadt M. DC. XIV. (35 S.)
[36]) Stieve, a. a. O. S. 2. 3. - Vgl. auch das abstoßende Buch: Geschichte der Reformation in der Oberpfalz. Aus den Akten geschöpft von Dr. Wittmann. Augsb. 1847.
[37]) DIALOGI CATHOLICI ¦ De | VNA, VERA, BONA | FIDE: | Das ist / | Catholische Glaubens- ¦ Gespräch ¦ Von ¦ Einem / Wahren / Guten ¦ Glauben. | In drey Bücher gethailt / vnd | beschriben | durch | R. P. Christophorum Pflaumer | der Societet JESV Priestern | Superiorum permissu. | Gedruckt | In der Ober Pfältzischen Haupt Statt | Amberg / | Bey Georgen Haugenhofer / ¦ Im Jahr Christi | M. DC. LIII. (Das durchschossen Gedruckte rot).
[38]) Jahrbuch für Münchener Geschichte, Bd. IV. S. 238; besonders aber ebenda S. 60.

³⁹) Allgemeine Deutsche Biographie. Bd. XXVII. S. 40. — Döllinger, a. a. O.
I, 530 fl.

⁴⁰) LABYRINTHVS LVTHERI | Sechs vnd dreis- | sig stell vnd ort / da der einige | vnd irrige Luther / In einem einigen puncten / von der Communion einer oder | balder gestalt / jm selbs zuwider lehret . . . . . . Allen verführten Christen zum Spiegel fürge- | stellt / daß sie sich darin wol beschawen / In was | Labyrinth vnd Irrgang sie sich haben fü- | ren lassen / vnd wem sie Jrer See- | len hail vertrawet. . Vor viertzig Jaren durch Caspar Quer- | hamer von Hall / vnd D. Johan Cochleum auß | Luthers Büchern zusammengezogen / jetzt | widervmb ernewert / vnd | In Truck geben. | Mit Röm. Kay. freyhalt / und | gaistlicher Oberkait bewilligung. | Gedruckt zu Ingolstatt. | (15 fol.)

⁴¹) Vgl. die Vorrede zu Christoph Erhards: „Gründliche kurtz verfaste Historia Von Münsterischen Wi- | dertauffern" (S. 15. 16), der erst sein Werk Eder in Ingolstadt übergab, und als dieser es über ein halbes Jahr liegen ließ, (1588) bei Adam Berg verlegte. (S. Note 81.)

⁴²) A. a. O. II. 3.

⁴³) Man gedenke z. B. Luthers oder auch seiner Gegner, z. B. des Johannes Hoffmeister (1508—1547), der auf Herzog Wilhelms Wunsch auch in München predigte. (Allg. Deut. Biogr. Bd. XII, S. 617. — Druffel, Der Elsässer Augustinermönch J. H. (Akademie-Abhandlungen, XIV. S. 135).

⁴⁴) Offenbarung der newen | erschröcklichen vnnd Teuflischen Landtlü- | gen / so diß 1596. Jars wider die Societet JESV Im | Reich vnd andern Landen hin vnd wider auß- | gesprengt worden. | Durch | Petrum Hansonium Saxonem, zu Schutz | der Wahrheit In Druck ver- | fertigt. | ECCLESIASTICI XX . . . . | Gedruckt zu Ingolstadt / durch | DAVID SARTORIVM. | Anno M. D. LXXXVI. (26 S.)

⁴⁵) Warhafftige | Vrkund der er- | schröcklichen zeittung von | den Jesultern zu München inn | Bayern / wegen Jhrer schandt- vnd mordstu- | cken / die sie mit eines Burgers Tochter | allda sollen begangen haben / wie solches | newlich an drey vnderschidlichen Orten / | Reimen vnd Liedweiß In Truck außgan- | gen/ vnd jetzund zu München mit rechtem | warem grund / vnd hoch ansehnlichen vn- | widersprechlichen Zeugknussen beschri- , ben / vnd an das Liecht ge- | bracht wirdt. | Cum licentia Superiorum. | Gedruckt zu München / durch | Nicolaum Henricum | 1607. (30 S.)

⁴⁶) Nürnberg - Johann Lantzenberger: Augsburg — Valethin Schönigk auf dem Jakoberthor. Der Name der Bürgers (Gastgeb) tochter soll Elisabeth (oder Christine) Stabel gewesen sein, wozu der Rat erklärt: „dergleichen namen wir doch weder In vnserer gantzen Burgerschafft / vnd noch vil weniger vnder den Gastgeben nit wissen".

⁴⁷) S. Jahrbuch für Münchener Gesch., Bd. III. S. 53—177.

⁴⁸) Diarium Gymnasii Societatis Jesu Monacensis. Codd. latt. 1550. 1551. 1552. 1553 der kgl. Hof- u. Staatsbibliothek: Anno 1602. Vltima Hilarium die datus Lutheri Bettermandl plenissimo theatro applaudente, Principibus etiam fere omnibus praesentibus. — Das Szenarium habe ich in den Perlochenbänden nicht finden können; die Idee des „Bettlermantels" findet sich indes in mehreren Streitschriften, so auch in einer des mehrfach zu nennenden Jesuiten Georg Scherer, die er (2. März 1588) dem Wiener Ratsmitglied Jerem. Leutner

widmet: Der Lutherische | Bettler-Mantel. Die Idee, daß alle Lehren Luthers bereits von anderen Ketzern gebracht wurden, spricht die Devise aus:
Hie sitzt ein Bettler auff dem Stock /
Von vilen Flocken ist sein Rock.
Bedeut des Luthers gflickte Lehr /
Von alten Ketzern kompt sie her.
Drum sei gewarnet jederman /
Leg keiner solchen Mantel an.
Vgl. dazu Agricola, Historia Provinciae Societatis Jesu, Bd. III, S. 96.
⁴⁹) S. Jahrbuch f. Münchener Geschichte (1889), Bd. III. S. 86 ff.
⁵⁰) Theodor Kolde, Beiträge zur Reformationsgeschichte. Lpz. 1890. (S. 195—263).

⁵¹) Ain kurtzer außzug | des Vrthails / wölchs ain löblich Cler- | risey vnnd hochberümpte Vniuersi- | tet zu Cöln haben in latein ans liecht | gegeben / wider Martin Butzern|Teutsche Schrifft / auß ,Bonna gen Cöln|geschickt. M. D. XLIII.(44 S.) Koloph. Gedruckt zu Ingolstat durch Alexan- | der Weissenhorn.
⁵²) Allgemeine Deutsche Biographie, Band VI. S. 494.
⁵³) Der recht Weg: | Welche weg oder straß / der glaubig | wandeln oder gehen soll / das er komme zu der | ewigen rug vnd friden: Auß den worten des | Propheten Hieremie: Standt auff die | strassen vnd sehent etc. ca. 6. | Geprediget | durch D. Johann Fabri von | Hailbrun / Thumbprediger zu | Augspurg. | Prouerbiorum 14. | Es ist ein weg / der den Menschen dünkt gut vnnd | recht sein / aber sein letzste oder end / füren zu dem todt. | Mit Röm. Kay. Mayestet Freyhait | nit nachzutrucken | M. D. LIII. | (153 fol. und 24 S.) Koloph. Getruckt zu Dillingen durch : Sebaldum Mayer. M. D. LIII.
⁵⁴) Ein ernstliche Christ- liche ermanung an das Edel Bayer- ' land / wider das Lasterbuch / so ein Sectmaister | haimlich on ein namen / listiger weiß im | Fürstenthumb Bayern / bin vnnd her außge- | brait hat. | Durch den würdigen vnd hochgelerten | Doktor Johann Fabri von Hailbrunn / | Thummprediger zu Augspurg / stat- lich außgeführt. | Actorum 9 | Es wirdt Dir schwer werden wider den | stachel zu tretten. | (151 fol. und 14 S. Vorrede).
⁵⁵) Kobolt, Lexikon b. Gelehrter I, 626.
⁵⁶) Geistlicher Layen-|spiegel / darinn man on groß vnd welt- | schwaifftigs nachlesen sehen vnd erkennen kann/ ob die jetztgefürten Lehren auß dem Geist , Gottes seyen / oder nit / Zu verhütung gefer- ' licher Irrthumb / vnnd erhaltung des | waren rechten Glaubens. Dem | gemainen Mann diser zeit vast nutz zulesen. Durch Wolffgangum Sedelium | Prediger. PROVER. XI . . . . Anno dnni M. DLIX. (170 fol. 14 S. Vorrede.)
⁵⁷) Gödeke, a. a. O. II. 237. (woselbst die Litteratur).—Vgl. auch A. Thürlings Aufsatz „Reformation und kirchliche Tonkunst" in No. 37 u. 38 der „Allgemeinen Zeitung" (Beilage, München 1894).
⁵⁸) Joh. Janssen, Geschichte des deutschen Volkes seit dem Ausgang des Mittelalters. Erster Band. 15. Afl. (1890) S. 251.
⁵⁹) Schöne / alte / Catholische | Gesang vnd Rüff / auf die fürnemste | Fest des Jars / auch bey den Kirchfärten vnnd | Creutzgängen nutzlich zugebrauchen. | Jetzt zum andern mal gebessert . vnnd gemehret. Mit Röm. Kay. May. Freyheit | vnd geistlicher Oberkeit bewilligung / | Getruckt zu Tegernsee 1577. [253 folio q. 12.] — Vgl. F. J. Mone, Anzeiger für Kunde

der teutschen Vorzeit. VII. Jhg. 1837 (Karlsruhe) S. 614. — Ph. Wackernagel, Bibliographie zur Geschichte des deutschen Kirchenliedes im 16. Jhdt. Fkft. 1855. (No. 969).

⁶⁰) Der Rosen- | krantz / Von vnser lieben | Frawen / vnd außlegung deß | Psalters. In Hertzog Ernst Me- | lodey / zu singen (16 S.) (Koloph. Gedruckt zu Straubing / bei Andre Summer.)

Nach Christi Geburt nun | merck fürwar / da man zalt fünff- | tzehenhundert jahr / Six Buchß- | baum hats gesungen: In Hertzog | Ernstes melodey / Maria wohn | dem Bruder bey / so hat jm wol gelungen.
(Bel Walasser fol. 232. Strophe 21).

Vgl. E. Weller, Repertorium typographicum. Die deutsche Litteratur im ersten Viertel des sechzehnten Jahrhunderts. (Nördlingen 1864). S. 16. No. 171.

⁶¹) PIÆ AC DEVO- | TÆ BENEDICTIONES . ET GRATIARVM ACTIO- | nes, in Rhythmos coniectae: ante | & post mensam dicendae ' vel canendae | Zwey schöne / andächtige ι Benedicite vnd Gratias / Rheym | weyß / vor vnnd nach dem essen nutzlich zusprechen oder zusingen | TEGERNSEE ː 1576.

⁶²) Gödeke, a. a. O. II, 239. (10).

⁶³) Ebenda (12).

⁶⁴) Catholisch | Gesangbüechlein / | Auff die fürnembste Fest/ durchs gantze Jahr/ in der Kir- | chen: Auch bey den Processionen / | Creutzgängen / Kirch- vnd Walfahr- ː ten / nutzlich zugebrau- ː chen. | Sambt angehenckten Gebett- | lein / bey der heiligen Meß zu- ː sprechen. Gedruckt zu München/ bey Anna | Bergin / Wittib. Im Jahr / 1613. (220 S.)

⁶⁵) Luthers Streitschrift „Widder den newen Abgott vnd allten Teuffel, der zu Meyssen sol erhoben werden" (Wittenberg 1523) findet sich im 24. Bd. (S. 237—257) von Luthers Sämtlichen Werken. Erlangen 1830. — Vergleiche ferner: GewiB: vnd Approbirte Historia ː Von S. Bennonis / etwo ː Bischoffen zu Meissen / Leben vnd Wunder- zaichen / so er vor vnd nach seinem seligen Absterben / an ʼ mancherlei orthen / durch die Gnad Gottes gewürcket / auch | sein Canonization vnd Fest betreffent. | Gedrukt zu München bey Adam Berg / | Im Jahr 1604. (Vorrede 14 S. 48 Bl.) — Die Bennowunder, die von Jahr zu Jahr getreulich registriert wurden, bilden einen ständigen Verlagsartikel bei Adam Berg (1602. 1603. 1614), Anna Bergin (1615. 1617. 1622), Nikolaus Heinrich (Henricus) (1601. 1604. 1606. 1609. 1644.), Melchior Segen (1634); dazu die deutsche und lateinische Kanonisationsbulle 1601. 1644. (Vgl. den Sammelband 4⁰ Bavar. 909 der kgl. Hof- und Staatsbibliothek.) — Einen derben Hohn auf die Bennoverehrung enthält: Von der rechten Erhebung Benno | nis ein send- ͺ briff J. N. | M. D. XXIIII. (4 fol.)

⁶⁶) Eygentliche Relation, | Was sich für ein herrlich | Mirael / nechst vergangen Monat Nouembris, | diß lauffent 1601 in vnser L. Frawen Kirch ː zu München begeben. | Gedruckt zu München / durch Nicolaum Henricum / ʼ Im jar / als man zählt ι MDCII.

⁶⁷) Otto, Oberlausitzisches Schriftstellerlexikon. II. 430 ff. — Allgemeine Deutsche Biographie. Bd. XVIII. S. 221.

⁶⁸) Gödeke. a. a. O, II, 239, 3.

⁶⁹) Im Erfurter Enchiridion 1524 No. 16.

⁷⁰) J. Janssen, a. a. O. I, 252.

⁷¹) Siben Schöne Geystliche Kyrchen-Ge- | säng / für die Christliche Ge- | mein / in den Druck verfertiget / zu ː singen / In jhren gewönlichen Me- | lo-

deyen / etc. | 1.) VAtter vnser der du bist / im Him- ' melreich | 2. Süsser Vatter Herre Gott / etc. | 3. Mitten wir im leben sein. / 4. Der zart Pronleichnam der ist gut / | 5. Kom Heyliger Geist / Herre Gott. ; 6. Jhesus ist ein Süsser Namm. | 7. Da Jhesus an dem Creutze stundt. | ANNO D. M. (sic.!) LXXXX. Dabei eine sehr hübsche Sammlung: Ansing-Lieder | So von alters | her / von der Jugent zu vn- | derschiedlichen Zeiten vnd Fest | Tagen im Jar / vor den Heusern ge- | sungen worden / vnd noch zu sin- | gen pflegen. (Neujahr u. Drei-König).

[72]) Vgl. z. B. das Verlangen nach deutschem Kirchengesang im Intelligblatte vom Jahre 1773 S. 410 ff.; 422; ebenso in den „Materialien" von 1773. S. 52 u. ö.

[73]) Predigt am Schutzfeste der Pfarrkirche zu Wessobrunn über den gemeinschäftlichen deutschen Kirchengesang, gehalten den 27sten Christmonat 1794 von Franz Xaver Terer, Sr. kurfürstl. Durchlaucht in Pfalzbaiern wirkl. geistl. Rathe und Pfarrer in Mammsendorf. (Landsberg. 28 S.) Den Vorwurf des Luthertums weist Terer mit Anführung alles dessen, was Luthers Kirche mit den Katholiken gemein habe, ab und meint (a. a. O.) „Man führt ja diesen Brauch nicht ein, weil ihn die Lutheraner haben, sondern weil er gut ist". — Ja sogar der Wunsch, den ganzen katholischen Gottesdienst in deutscher Sprache abzuhalten, ist mehrfach lautgeworden, so z. B. in der Bitte an die H. H Bischöfe der österreichischen Staaten, die Volkssprache im öffentlichen Gottesdienst einzuführen. Von Norbert Korber, reg. Kanonikus, Lehrer des geistlichen Rechts und Bibliothekar in Bruck. WIEN 1782 (64 S.) Schon ein Jahr später erschien (1783) des Geistlichen Anton Gruber „Deutsches Meßbuch" (544 S.) in Wien. Dagegen fällt dem gelehrten Mabillon in Deutschland (Iter Germanicum S. 35) das Deutsche im Ritus auf. — Ein „Liturgischer Versuch oder deutsches Ritual für katholische Kirchen von Ludwig Busch" erschien noch 1803 in Erlangen, „mit Genehmigung eines hochans. kathol. Censurkollegiums" (152 S. u. XIV S. eingehender Vorrede.)

[74]) Pinauer, Gelehrte Frauenzimmer S. 114. — Kobolt, Baierisches Gelehrten-Lexikon II. 144. — Bayerische Bibliothek, Bd. 17. S. 90.

[75]) Kobolt, Gelehrten-Lexikon (Nachträge) II, 204. 376. — Jahrbuch für Münchener Gesch. III. Bd. S. 535 ff.

[76]) Ebenda, Bd. III, S. 88 ff.

[77]) Kurtze Erklerung ! der siben Bueßpsal- men Gebettsweiß . . . . . . Auß dem Latein verteutscht / | durch | M. IOACHIM MEYCHEL. | München / | Gedruckt | bei Anna Bergin Wittib | Jm Jahr / 1621. (119 S.)

[78]) Man vergleiche z. B. noch aus dem Jahre 1732: Die Catholisch-ruffende | Glaubens-Stimm / | An den | Auß dem Ertz-Stifft Saltzburg | emigrirten Lutherischen ! Gebirg-Bauren. Auf die | In unterschidlich-Lutherischen Orthen / wegen der | alldort ankommenen Emigranten / Im Druck | außgangene | Scartequen. | In einhundert und fünff Versen componirt worden / durch einen / , der deß Salzburgis. ersten H. Bischoffen RUPERTI | Nahmen und Bildnuß / im Zunahmen und Wappen | führet. | A. A. R. | Mit Erlaubnuß der Oberen. | München, bey Joh. Lucas Straub. Gem. Löbl. Landschafft: und Stadt Buchdr. Anno 1732. | (24 S.)

[79]) Gödeke, a. a. O. II. 264.

[80]) Jahrbuch für Münch. Geschichte. Bd. IV. S. 121. — Kobolt, Baier. Gelehrt.-Lex. I, 227; II, 98. — Prantl, Geschichte der Ludwig-Maximilians-Universität (München 1872). II, 490. 491.

⁸¹) Duo Dialogi Apologetici | Zwey nutzliche Ge- sprech Doctoris Jacobi Andree | Schmidleins / vnd D Conrad | Wolff Platzens . . . . . Anno c'ɔ |ɔ XXCII (Dem Herzog Ferdinand von Bayern gewidmet.) Ingolstadt. (103 S.) Genannt zu werden verdiente auch noch der Lizenziat der Theologie Christoph Erhard (Vgl. Weller, Annalen der poet. Nat. Litt. (1864) II, 468), der in volkstümlichen Büchlein bald den belehrenden Ton anschlägt, bald zur dialogischen Form greift, bald in Liedern und Versen seine Warnungen vor den Irrlehren erläßt. Seiner Wilhelm V. gewidmeten Schrift: Gründliche kurtz verfaste Historia ' Von Münsterischen Wi- | dertauffern . . . . München, Adam Berg 1589 (64 fol.) ist S. 82 A. u. A. 41 gedacht. Aus dem Jahre 1586 stammt sein: „Der Lutheraner ; Zweyfelsknopff |" (Ingolstadt, W. Eder, 60 S.); aus dem Jahre 1588: Catholisches | Sendtschreiben vnnd | Briefe an einen vom Adel in Österreich . . . . Warumben sich ein rechter Christ durchauß deß ' Wörtleins Römisch nit schämen / gern sich für ein Römischen / | Catholischen Christen erkennen vnd bekennen solte / . . . . . . Ingolstatt, Wolf. Eder 1588. (13 fol.); aus dem Jahre 1589 der dem Herzog „Ferdinandt dem Eltern", von München aus, (E. F. G. . . . . Kaplan) gewidmete „Newer Euangelischer | Catechismus | das ist : Ein sehr nützliches / lustigs | vnd kurtzweilliges Religlonsgespräch / | eines Catholischen Christen / vnd Euangell- | schen Lutheraners . . . . Adam Berg 1589. (91 fol.)", womit indessen Erhards litterarische Thätigkeit keineswegs erschöpft ist.

⁸²) Von dem Antichrist. Ob derselbig , kommen sey / oder noch | kommen soll / ein Di- | alogus oder Ge- sprech . . . . ANNO DOMINI 1560. (Laut Kolophon bei Seb. Mayer in Dillingen).

⁸³) Helm des Hayls. | Welchs der recht . Christlich vnd allain sellig- | machend Glaub sey. | Ein vnpartheyisch / lustigs vnd nutzlichs Gespräch vnd Rhreymenbüchlin. | Allen verführten Christen zu nutz vnd | wolfart gemacht / vnd durch Adam | Walasser in Truck | geben . . . . . Ingolstadt (Weissenhorn) M. D. LXXI.

⁸⁴) Ein gar | kurtz / aber sehr artlich / vnd zu di- | ser zeit vast nutzlich | Gesprech / darinn der grund ¦ vnnd die vrsach angezeigt | wirdt / woran es bißher ge- | mangelt / daß die Papi- sten nit all Euan- gelisch seind | worden. (Koloph. Getruckt zu Dillingen / durch Sebaldum Mayer.)

⁸⁵) Ein schönes Gespräch | Eines Lutheraners ' mit einem Papisten: | Gewaltig lustig / wercklich vnnd.' nutzlich zu lesen : Durch Georgium Pomerium. 2. Thessal. 2. | GOTT wirdt jnen senden gewaltige Irrtbumb / ¦ daß sie der Lugen glauben. | Getruckt im Jar / | M. D. LXXXX IIII. (14 S.)

⁸⁶) Vergleiche Jahrbuch für Münch. Geschichte, IV, 115, und S. 165 (No. 535) den Titel der Schrift.

⁸⁷) Gesprech | Kuntz Knollens Caluinischen / vnd | Friedrich Bößwirths Catholischen. ¦ Von einer newen Je- suitischen Mordthat / so sie im Läger bey | Roßhaubt an dem Manßfelder zu begehen ¦ willens gewest sein sollen | . . . Getruckt zu Amberg / bey Michael | Forster / Im Jahr | M. DC. XXI. (17 S.)

⁸⁸) Kobolt, Bayer. Gelehrten-Lexikon. I, 513.
⁸⁹) Ebenda 1, 143.
⁹⁰) Jahrbuch für Münchener Gesch., III, 88 ; 165.
⁹¹) Noua Paschalia | De | FVGA DVORVM | JESVITARVM ¦ ADAMI CONZII | ET | HIEREMIÆ DREXELII ¦ qui miro modo è Bauaria profugére | et nunquam

Monachio abiére. SCRIBEBAT AD CLA- | RISSIMVM VIRVM AGRICO- | LAM SVIDELERIVM JOANNES SIS- | SELFELDER J. C. | MONACHII, | Apud NICO- LAVM HENRICVM | M . DC . XXIX. (5 S.)
92) New aufferstandnes Ostermärl | von | der Flucht zweyer | Jesuiter ADAMI CONZII | vnd | HIEREMIÆ DREXELII, | Welche wunderbarilcher weiß auß Bayrn | flüchtig worden / vnd doch nie keinen Trit auß | der Statt München gewichen. | Getruckt zu München / durch Nicolaum | Henricum. | M . DC . XXIX. (8 S.)
93) S. Kobolt, Lexikon, I, 382 und II. 177. 359.
94) Frag vnnd Antwort etli | cher Artickel zwischen M. | Michaelen Kellern predi- | canten bey den parfüssen / | vnd S. Mathia Kretzen / | prædicanten auff dem ho | hen stifft. zu Augspurg ' newlich begeben. | Anno XXV. | (54 S.)
95) Allgemeine Deutsche Biographie, Bd. I. S. 436.
96) Antwort | Conradi Vetters / | der Societät JESV : | Auff | Jacob Schmidels nechst vber- | schickt Sendschreiben / Vnd darinn in | öffentlichen Truck außgegoßne / | ungegründte Klagen. | ECCLES. X. | Labia insipientis . . . . . | Getruckt zu Ingolstadt / durch | Dauid Sartorium | M . D . LXXXIX. (76 S.)
97) Allgemeine Deutsche Biographie, Bd. XV. S. 581.
98) Ebenda, Bd. XI. S. 314.
99) Drey Sendschreiben So zwischen Jacob | Keller / der Societet JESV Theo- | logo, | Vnd | D. Jacob Hallbrunner /Wayland New-| burglschen Hofpredlger / vor Jhrem newlichen | Colloquio, wegen der geschribnen Bücher von | dem Bapsthumb / sein in Latein gegen | einander abgangen : | Jetzund aber zu lieb allen Guthertzigen in gemain | auß dem Latein in die Teutsche Sprach | trewlich versetzt. | Gedruckt zu München / durch Nico- | laum Henricum / Im Jahr. | M. DC. XV. (43 S.) —Vgl. dazu die NARRATIO | BREVIS QVÆDAM | AC FAMILIARIS | DE | COLLOQVIO | QVOD ANTE DIEM XIII. KALEN- | DAS QVINCTILES R. D. IACOBVS KEL- LER, E SOCIETATE IESV THEOLOGVS, | ET | D. JACOBVS HEILBRVNNER LV | THERI PRÆDICANS, | habuerunt | NEOBVRGI AD DANVBIVM. | Anno c|ɔ|ɔCXV. | EX EPISTOLA SEVERI ECHTHERI AD GEORGIVM LANDRANVM.
100) Kobolt, Lexikon I, 584. Dort auch weitere Nachweise. — Die Allg. Deutsche Biographie kennt ihn nicht, wohl aber Jöcher, Allgemeines Gelehrten-Lexikon (1761) Bd. 4 (S. 151 unter Saager).
101) OMNIA OPE- | RA REVERENDI AC ' perdeuoti Patris F. Gasparis Schatzgeri Ba- | uari . . . Ingolstadii (Weißenhorn) 1543 [empfohlen von Johann Eck und Erasmus Wolph.] --Zu den lateinischen Werken s. auch Panzer, Annales, Band VII. S. 423.
102) Von der / lieben heiligen / Eerung vnnd Anrüeffung / | durch Gaspam Schatz | ger Barfüsser ordens | das Erst teütsch | Büochlin. | Item vil mer Materien Jnn jm begreyf- | fend / dann das lateinisch vor außgangen. | Imm Jar M. D. XXIII. (Vignette.) (102 S.)
Koloph. Gedruckt vnd verlegt Jnn der Fürstlichen Statt München | durch Hannssen Schobsser. Do man zallt von Christi ge | purdt Fünnffzehenhundert vnnd dreyundzwainzig Jare. | Am anndern tag / nach dem Fest / der lobwirdigen Junck- | frawen Marie Empfengknuß. | Lob sey Got vnd Marie. |
103) Allgemeine Deutsche Biographie, Band 24. S. 473—483.
104) Vgl. Konstantin von Wurzbach, Biographisches Lexikon des Kaisertums Österreich, Bd. 33. die Stammtafel und den Artikel S. 24 (Nr. 32). — Christophs Sohn Otto Heinrich (1535-- 1590) s. Allg. D. Biogr., Bd. 33. S. 311.

[105]) Vgl. ebenda Bd. 33. S. 15 (No. 8). Ferner Koboit Lexikon II, 404 und vor allem den Artikel von St. Paulus in „Historisch-politische Blätter für das katholische Deutschland, hrsg. von Ed. Jörg und Franz Binder". Bd. 111 (München 1893) S. 10—33 „Christoph von Schwarzenberg, ein katholischer Schriftsteller und Staatsmann des sechzehnten Jahrhunderts."

[106]) EPIGRAMMATA | D. PAVLI A SVVARTZEN- | BERG, Eminentioris Landspergii domi- | nij. Canonicis regulis pie adstricti ' aedita. | (Wappen.) Cernite quae Baro (Lectores) epigrammata Paulus, | Diuersa aetate, & diuersis scripserat annis. | M. D. XXXVIII. (72 S.) Kol. AVGVSTAE VINDELICORVM, | excudebat Henricus Steyner, Anno | M. D. XXXVIII. | Mense Aprill |.

Diesem Epigrammatisten gebührte unter den bayerischen Humanisten in meinem diesbezüglichen Artikel (Jahrbuch f. Münch. Gesch. IV, 45—174) eine Stelle. Seine Dichtungen sind ganz im Stile der Humanisten gehalten und auf griechischrömischen Reminiszenzen aufgebaut. Widmungen von Joh. Eck, Sebastian Linck, Baron Jakob Kibel, M. Joan. Salicetus (Jahrbuch IV, 106), M. Tatius Alpinus, Paulus Pacellus Gemundinus, Johannes Piniclanus leiten das Büchlein ein. Die Epigramme selbst sind gerichtet an Buschius Pasiphilus, Cassina, Alexander Dragstadt, Eobanus, Adam Gravelius, Haverius, Georg ab Hyppoven, Albert, Erasmus und Karl von Schenk-Lympurg, seinen Lehrer Johann Neuber (Neubar), Tranquillus Parthenius, Joh. Sturnus (poeta laureatus), Hermann Tulichlus und seinen Lehrer Vitus Werler.

[107]) Illustri Viro Joanni ex Baronib. a Schwartzenberg patri charissimo filii heredes. Vixit annos 63. Mens. 9. Obijt anno a Christo nato MDXXVIII. duodecimo calendarum Novemb. die.

[108]) Ain vätterliche treue | anzaygung / aines Luteri- | schen (genannten) pet- | püechleins halben. | Vbersehen / ain wenig gemert / | vnd wider gedruckht / den | Ersten tag Marcij. | M. D. xxIIIj. (32 S.)

[109]) Ain Schöner Sendtbrieff | des Wolgebornen vnd Edeln herrn Johannsen | Herrn zu Schwartzenberg / An Bischoff zu Bamberg | außgangen / darinn er treffenliche vnd Christenliche | vrsachen anzaygt / wie vnd warumb er seyn | Tochter auß dem Closter daselbst (zum | Hayligen Grab genannt) hinweg | gefürt / Vnd wider vnter seyn | vätterlichen schutz vnd | oberhandt zu sich | genommen | hab. | Ain vorred darinn die | Münch jres zukünfftigen vndter- | gangs erinnert / vnd ernstlich | gewarnet werden. | Andreas Osiander. | Nüremberg. | Anno M. D. xxIIIj. (20 S.)

[110]) Von der warn Christ | lichen vnd Euangelischen Frey | heit / ein außgedrückte erklär | ung / mit zwelff Christlichen | leeren. Vnd nachuolgend | mit zwaintzig jrrsalen ! den leeren widerstre | benten / durch Ga- | sparen Schatzger | barfusser ordens | Wie hernach | scheinnt jmm | Register. | Imm jar M. D. xxiiij. (72 S.)

Koloph. Gedruckt vnd volenndet jnn der Fürstlichen | Statt München durch Hannssen Schobsser / | Do man zallt von Christi gepurt. M. D. xxIIIj | Amm Ersten tag Augusti. | Die ewig warbeyt vberwintterinn aller ding | sol das preyß daruon tragen. |

[111]) Ware erklärung vnd | vnderrichtung ains Artickels / | die Beescheidung betreffend | auß heyliger geschrifft be- | wäret / durch Gasparn | Schatzger / bar-

füsser | ordens wid' falsche | erdichtung Lüteri- | scher leer / in so : licher matery | Imm Jar M. D. xxiiij (18 S.)
Koloph. Gedruckt vnd volenndet Jnn der Fürstlichen Stat | München durch Hannsen Schobsser. Do man | zallt von Christi gepurdt. M. D. xxiiij. An dem | xxvij tag Augustj.

¹¹²) Von Christlichen satzun- ˙ gen vnd leeren / ain Christförmigs leben (der | werck halben) betreffend / Welche anzu | nemen oder auszuschlahen seyen / kürtz | lich jnn sybenzehen Christlichen vnt- | terweysungen / Sambt sybener | jrrthumben / verfasst / durch | Gasparn Schatzger bar- | füsser ordens / Wie dz | hernach gedruckt ͵ Register an- | zaygt ׀ Imm Jar M D xxiiij | (54 S.)
Koloph. Gedruckt jnn der Fürstlichen Statt München | durch Hannssen Schobser. Anno etc. jnm xxiiij | Am Sambstag nach Aller heyligen tag.

¹¹³) Fünff Thittel von den drey- ˙ en Gotsförmigen tugenden / Glaub` / | Hoffnung / vnd Lyeb / Verteütscht vß ׃ dem büchlyn vonn Entdeckunng | deß Sathans · d` sich in Christ | licher leer erztaigt inn ge- | stalt eins guten En ׃ gels wie er soll | erkennt wer ׀ den etc. | der erst Thittel von der gerechtigkait des Glaubens. | Der ander von gerechtigkait vnserer werck. | Der drytt von der hoffnung vnd zuuersicht zu Gott. ! Der vyerdt vonn der Lieb`. | Der fünfft vonn verdyenstlichen werckenn. | Durch Caspar Schatzger Par | fusser ordens erklert. | M. D. XXVI | (90 S.) (Ohne Kolophon.)

¹¹⁴) Vom hochwirdigisten | Sacrament des zartten Fronleichnams | Christi. Vnnd widerlegung ettlicher | Argument so jn ainem newlich | außgegangen jrrigen vnd verfüe- | rischen büechlin widers opf- | fer d` Meß gemacht sind | durch Gasparn Schatzger Bar- | füesser ordens. M. D. xxv. (40 S.)
Koloph. Gedruckt jnn der Fürstlichen Statt München durch Hannsen | Schobsser amm zehenden tag des Mertzens. Anno etc. jmm xxv.

¹¹⁵) Vom Fegfeur oder vol- | kommner Raynigung der außerwölten / | das durch die genugthuung Christi / | das Fegfeuer nit außgelescht ist. | Wie wol er durch sein leyden | den weg zu der seligkait ge | raumbt / und die thür geöffnet hat / durch Ga | sparn Schatzger | Barfüeser or- | dens. MDXXV Jar. (79 S.)
Koloph. Gedruckt vnd vollenndet jn der Fürstlichen Statt München. | amm abend der bekerung des heyligen hymelfürsten Pauli / | durch Hannssen Schobsser. Anno etc. jm XXV.

¹¹⁶) Wider Caspar Schatzgeyer / | Barfuser Münchs / vnchristlichs | schreyben / damit er / daß ׀ die Meß eyn opffer | sey / zu be- | weysen ver | maint | Andreas Osiander | Nürnberg. ׃ Anno M. D. xxv. (42 S.)

¹¹⁷) Von newen Schwer | mereyen sechs Capitel / den Christen vnd Ketzern beyden nötig zu lesen / vnd ˒ höchlich zu bedencken / der Seelen | seligkeit betreffende. | . . . . M. D. XXIIII.
Koloph. Gedruckt zu Leiptzig durch | Michael Blum.

¹¹⁸) Abwaschung des vn | flats so Andreas Osiander: dem | Gaspar Schatzger in sein ant- | litz gespiben hat: Begreifft Jnn ir zwo materl. | Die erst von vnsers lieben herrn Testament. | Die ander von dem opffer der meß. ׀ (Vignette.) Durch gemelten Gaspar Schatz | ger barfüsser ordens gereynigt vnnd | sauber getrücknet. | 1525. | (56 S.)
Koloph. Gedruck vnd volendt Jn der fürstlichen stadt Landßhut ׀ durch Herr Johansen Weyssenburger / Im M. | CCCCC vnnd xxv. Jar.

[119]) Schmeller-Frommann, Bayerisches Wörterbuch I, 1139. Hippen = oblatförmige Kuchen; holenhippen = Lebkuchen.

[120]) Beschwerung der alten Teüfe- | lischen Schlangen mit dem | Götlichen wort. (Vignette). So dir yetzt Gott sein wort bescheert / | Nit alls die schlang die man beschwert / | (Psalm 57.) Verstopff dein or / vor sollicher krafft / | Nachteuffelischer aygenschafft. | New Corrigiert / vnd besser Registeriert. | — Auf der Rückseite des Titelblattes: Hochuerursachte schuldige vnderrichtung vnnd | ermanung / So ein vater seynem jrrenden Sun / Ewanngelischer ler halb / auß | grund Götlicher geschrifft thut: | Ich bin kumen zu bewegen / den Sun wider | den Vatter / | die Tochter wider die muter | Vnd die schnur wider die schwiger etc. | Mathei am 10. | Luce am 12.) .... (142 pag. folio, 12 S. Vorrede.) Koloph. Die gleiche Vignette. Gedruckt jmm M. D. vnd xxv. Jar.

[121]) Fürhalltung xxx ar | tigkl / so in gegenwärtiger verwer | ung auf die pan gepracht vnd dur- | ch ainen neüwen beschwörer der | allten schlangen gerechtfertigt wer- | den / gründlich erclärt / durch Ga- | sparn Schatzger barfusser ordens. (118 S.) Koloph. Gedruckt vnd volenndet durch Hannssen Schobsser | jnn der Fürstlichen Statt München / Amm tag des hay | ligen Johannsen vor der lateinischen portten. | Imm M. D. vnd XXV jar.

[122]) Von dem hayligisten ' Opffer der Meß / sampt jren ! dreyen fürnemlichsten/ vnd | wesenlichsten taylenn / Das | ist / vonn der Consecrierung / | Opfferung / vnd Empfahung | des hochwirdiglstenn Fron- | leychnams Christi / Ob der | gemein Christenmensch / vn- | der ainer oder bayder gstallt | jn emphahenn soll. Durch / Gasparnn Schatzger | Barfüsser Ordens: | 1525: | (120 S.) (Ohne Kolophon).

[123]) Waß die Euangelisch | Meß sey / Grundtliche vnnd Christen- | liche anzalgung / auß der hailigen geschrifft... Gedruckt zu Dillingen durch ! Sebaldum Mayer. MDLV. (171 Folio.)

[124]) Vorwerffung eines ir | rigenn artickels das die seel Christi | nach abschaldt vom leib in abstei- | gung zu den hellen hab darinn | geliden hellische peln. | Mit erklerung der warhayt warumb Christus zu | der hellen gestigenn sey.' (Vignette.) Durch Gaspar Schatzger barfusser ordens. (50 S.) Koloph. Gedruckt in der Fürstlichen Statt Landßhutt durch Johann Weyssenburger im M. CCCCC. vnnd XXVJ. Jar.

[125]) Korde, M. Johann Agricola's aus Eisleben Schriften möglichst vollständig verzeichnet. Zur dankbaren Erinnerung an das dritte Jubelfest der Lutherischen Kirche. Altona (Hammerich) 1817. S. 307.

[126]) Eine gietliche vnd freunt | liche anntwort vnd vnnterricht / auf ei- | nes Eersamen / der warheyt begeren- | den / Christlichen Burgers von Nürm | berg (doch pürtig aus Bayernn) sandt | brieff / antreffend die new auffrur jn Christenlicher leer / vnnd verfasst in jr | XXIIIJ. Christlich vnnterweisung / dem | gemaynen mann vast nützlich vnd ent | sprießlich. Darneben XXIIIJ Artigkel | jn fragweiß oder zweyflung gestellt. | Auch ist gemellts Burgers sandtbrief | von wort zu wort anfenngklich fürgedruckt. Damit jn khayn Wort verkert | oder geendret werd. | Durch Gasparn Schatzger Bar- | fuesser ordens zu München. | (84 S.) Koloph. Gedruckt jn der Fürstlichen Statt München. | Durch Hannsen Schobsser jmm. M. D. xxvJ.

[127]) Ainn warhafftige | Erklerung wie sich Sathanas | jnn disen hernach geschrieben vieren | materyenn vergwentet vnnd er- | zaygt vnnder der gestalt

eynes Enngels des Liechts: | Von dem Euangelio. | Von der Christlichen Kirchen. | Von Sanct Peters Fürstenthumb. | Von gemayn Concilien. | Durch Gasparn Schatz- | gern Barfusser Ordens | zu München außgangen. | M. D. XXVI. (96 S.) (Ohne Angabe des Druckers).

¹²⁹) Wider herr Hansen | von Schwartzenbergs neülich auß | gangen püechlin / von der Kirchen : diener vnd gaystlichen personen Ee | Auß gründtlicher erklärung des hey | ligen Pauli sprüchs 1. Thimo. 4. jn | dem er redet von verpletung der Ee | lichwerdung / vnd enthalltung von | ettlicher speiß. Mit anhenngung | ettlicher andern mitlauffender ma | teryen / alnem yeden Cristen nützlich | zewissen | . Durch Gasparn Schatzger Bar- | füesser Ordens zu München. | Imm M. D. xxvij. Jar | (68 S.)

Koloph. Gedruckt jn der Fürstlichen Statt München durch Hannssen | Schobsser. Anno 1.5.27. jmm monat Jenner. |

¹²⁹) Wohl der Franziskanerbarfüsser Johann Eberlin (cc. 1465—nach 1530) aus Günzburg, der um 1521 den Orden verlassen hatte. (Allg. Deutsche Biogr., Bd. V. S. 575).

¹³⁰) Allgemeine Deutsche Biogr., Band III. S. 329—331.

¹³¹) IOANNIS | BRIESMANNI AD CASPA- | ris Schatzgeyri Minoritae plicas responsio, | pro Lutherano libello de uotis | monasticis. | ITEM | M. Lutheri ad Briesmannum Epistola, de eodem. | In hoc libello clare ostenditur, quantum errent qui | uotis monasticis plus nimio tribuunt, | citra omne, sacrae scripturae | testimonium. | (43 fol.)

[Koloph. MENSE DECEMBRI, | ANNO M. D. XXIII.|

¹³²) Librorum ab anno I vsqve ad annvm L Sec. XVI. typis exscriptorum ex libraria quadam supellectile Norimbergae . . . Millenarivs IV. editus a Carolo Christ. Hirschio. Noribergae 1749. S. 36. No. 451. 452 und Index. Die Notiz zu 452: „est ex eiusdem officina" ist wohl auf 451 (Gastel) zu beziehen. — Weller, Annalen III, S. 460. — Auch Kobolt II. 190 bezeichnet ihn als Buchdrucker. — Siehe auch Panzer, Annalen II. Bd. (1805) No. 2373, 74, 75, 76, 77 und S. 293. Dieser Johann Locher in München ist wenigstens mir, nicht bekannt. — Weller, Repertorium No. 2965. 2966. 2967.

¹³³) S. Chronik der Kreisstadt Zwickau. Von Dr. Emil Herzog. 1 Bd. (1839). 2. Bd. (1845.) Bd. II. S. 200.

¹³⁴) Ebenda, Bd. II unterm Jahre 1521.

¹³⁵) Ebenda, Bd. II. S. 191.

¹³⁶) Allgem. Deutsche Biographie. Bd. X. S. 226.

¹³⁷) Chronik der Kreisstadt Zwickau, Bd. II. S. 200.

¹³⁸) Ein tzeytlang ge- | schwigner Christlicher Brüder | auch vmb der warheit willen veryagt / den | Christus seyn vnnd aller erlöser / die inn yn | glauben / vnd vertrawen setzen / widerumb vermandt hat / durch den spruch Marci am | 5. Luce. 8. als der Herr sprach zu dem erle- | digeten besessnen / Gee hyn in dein hauß zu | den deynigen / vnd verkündt ynen die | grossen dinng / die dir der Herr ge- | than hat / vnd sich über dich erbar | met / Sollichs zu offenbaren/| Mennigklich zu wissen fast , Trostlich. | Rott. | Ir christlichen Brüd' / nembt ewr wol war | Ir secht mann maynt vns mit gefar . | Karsthans. | Expergiscere qui dormis / et surge a mortuis | Et illucescat / tibi Christus Ephe. 5. Isa. 26. Anno M. D. xxIIJ. (23 fol.)

Koloph. Gedruckt ynn der Fürstlichen Statt | Zwickaw / durch Jörg Gastel/.

nach | Christi geburt / Tausent fünff | hundert vnd ym dreyund- | tzweyntzigisten Jar. |
¹⁴⁰) Allgem. Deutsche Biographie, Bd. XV. S. 676.
¹⁴¹) Es war ein Arzt Hans Maurer, genannt Zündauf. Vgl. über die ganze Persönlichkeit und ihre Geschichte Allgemeine Deutsche Biographie, Bd. XV. S. 431.
¹⁴¹) Grimm, Deutsches Wörterbuch, Bd. V. S. 232.
¹⁴²) Asg von Kurz, Vers 2660.
¹⁴³) Artickel 15. So sich Jo- | hann Locher von München erbeüt zuerhalten / durch grundt götlicher | geschrifft / mit glaubhafftiger ge- | zeügknuß / mit Ernstlicher- | erfarnuß / vnd vnwidersprechlichen Ex- | empeln / wid' die offenlichen Heüch- , ler vnd scheynenden gleygßner / der Barfusser Obseruan- | tzer vnnd yrem an- hang. Anno cc | M. D. XXIIII. (4 Seiten) (ohne Druckort). — Weller (Repertorium Typographicum, 1864) S. 332. No. 2966 weist es in Augsburg und Dresden nach; doch besitzt es seit 1874 auch die k. Hof- und Staatsbibliothek zu München.
¹⁴⁴) Ein Gnadenreichs Priuilegium / Christlicher frey- | heyt / von Gott Verlyhen : Allerley | speyß : allwegen / vnd mit gut- | ter gewissen zugenissen | wider alten gebrauch | der Trutzigen Ro | manisten. | Durch Johann Locher | von München. (14 folio.)
Koloph. Gedruckt yn der fürstlichen Stat Zwickaw | durch Jörg Gastel. Im XXIIII. — Auch diese bei Weller (a. a. O.) No. 2967 für Augsburg, Berlin und Dresden nachgewiesene Schrift ist von der k. Hof- und Staatsbibliothek zu München unterdessen erworben worden.
¹⁴⁵) Vom Aue Ma- ' ria Leuthen den glaubi- | gen vast förderlich. | Anno etc. xxliij. | Durch Johann Locher | von München. (4 fol.)
¹⁴⁶) Ein claglicher Seudtbrieff (sic!) des Baurn- | veyndts zu Karsthannsen seynem , Pundtgenossen / mit Radt vnd | Trost / die ganntz Chri- | stenhayt belangendt. | Recta ingenia debilitat verecundia / Praua confirmat audacia, Seneca:/| (Vignette : ein geharnischter Ritter.) (8 fol.)
Koloph. Gedruckt durch Johann | Locher von München.
¹⁴⁷) S. Vilmar, Geschichte der deutschen Nationalliteratur. 9. Aufl. (1862) S. 227. -- Forschungen, Bd. I. S. 7.
¹⁴⁸) Bd. II. S. 190. Ein lieplicher Sermon wie man das Kindlein Jesum suchen soll. Zwickau 1524. — Ernstlicher verstand gutter vnd falscher Prediger/ mit erklerung des Pfaffenschöffel / zebenden vnd opffers mit etlichen Artikeln zur warnung dem Leser. Zwickau 1524. — Ein vngewöhnlicher vnd der ander Sendbrief des Bauernfeinds zu Karsthausen (sic!) / der doch nicht allein wider ihn sondern der ganzen Christenheit entgegen ist. Fugit impius nemine persequente. Prov. 28. Gedruckt durch Johann Locher von München. (Ohne Druckort) 1524.-- Müglicher Bericht an die zu Zwickau: von yrer wunderbarlichen vnd vnerhorten handlung. Durch Johann Locher von München. Zwickau 1524. — Diese letztere Schrift reiht Graesse in seinem Trésor de livres rares (Bd. IV, S. 243, 1862) unter die Schriften des bekannten Humanisten Jacobus Locher (Philomusus)!!
¹⁴⁹) Kobolt, Baier. Gelehrten-Lexikon I, 119.
¹⁵⁰) Anzaygung was sey | das war / Christennlich / | vnd lebendig Euangelium | unsers herren Iesu Christi. | Durch D : Vuolfgang | Cäppelmair / weyland Prior | vnd | predicant Jm Augustiner | Closter zu München.

Koloph. Gedruckt in der Fürstlichen Stat München | durch Andre Schobsser Anno & 38.

[151]) Joh. Janssen. a. a. O. I. Band. S. 129.

[152]) Der Lutherischen / Caluinischen / vnd ande- | rer Sectischen Predicanten| Schräckengast. | Das ist: ' deß Ritterlichen Engelländischen Martyrers Edmundi Campiani der | Societät JESV Priesters / zehen vnderschiedliche / in | Latein / Teutsch vnd andern Sprachen / offt außgangne / vnnd aller | Welt bekandte Motiu vnd Vrsachen / warumb er die Predicanten vor der | Königin / vnd allen Hohenschullen in Engelland zu öffentlicher Dispu- | tation / vnd Glaubenskampff herauß gefordert / sie | aber nit zum Brett gewöllt. | Jetzund auff ain newes mit fleiß ver- | teutscht / | durch | Conradum Vetter / der Societät JESV. | Getruckt zu Ingolstatt / in der Ederischen Truckerey / | durch Andream Angermayer. Anno. M. D. XCIX. (53 S.) (Vgl. Jahrbuch f. M. G. III. 78. 160.)

[153]) Zwölff vnderschiedliche | Tractätlein / | Auß D. Martin Lu | thers seinen selbst eygnen Schrifften | zusamen getragen / . . . . . durch | M. CONRADVM ANDREÆ. | JACOBI ANDREÆ seliger Gedächtnuß / | leiblichen Bruder. | . . . . Getruckt zu Ingolstatt in der Ederischen Truckerey / | durch Andream Angermayer | Anno M. D. C. (280 S.)

[154]) Allgemeine Deutsche Biographie. Bd. XXVI. S. 695.

[155]) Guldine | Ja vber guldine Wort | vnd Ermanung / welche D. M. Luther/| vor seinem Absterben vnd Hinscheiden von diser | Welt an seine Catharina von Borrha soll gethon / vnd zur letze gelassen haben. . . . (Ingolst. 1613.)

[156]) Vgl. Supplikation . . . wie /wo / wann vnd wes Todts doch Catharina Borrha, deß Luthers Porna vnd liebste Käthe gestorben seye . . . . Ingolst. 1613.

[157]) S. die Litteratur über Nas im Jahrbuch für Münchener Geschichte, Bd. IV. S. 160 (119. 120.) - - Gödeke. a. a. O. II. 486 ff. — Hurter I. 71.

[158]) Sextae Centvriae Prodromvs das ist / Ein Vortrab vnd Morgengab . . . Ingolstadt (Alex. Weißenhorn) M. D. LXIX. S. 24.

[159]) Ebenda, Fol. 120.

[160]) Jesu-Wider. Herausgegeben von Christian Schad. (Lpz. Engelmann 1845. V. 830 (S. 48 u. ö. z. B. V. 1135.)

[161]) Allgemeine Deutsche Biographie, Bd. XXIV. S. 493.

[162]) S. zu diesem Namen den Artikel Roseffius in Backers Écrivains I, 641, wo sich auch Ostanders Schriften gegen die Jesuiten finden.

[163]) Verantwortung / | wider die zwo Gifft- | spinnen / Georgen Scherern / vnd Chri- | stophorum Rosenbusch . . . . . Tübingen (Georg Gruppenbach). Anno 1596. (106 S.)

[164]) Allgem. Deutsche Biogr., Bd. XXVII. S. 447. Bd. XII. S. 314.

[165]) Gödeke II, 104 (95). — Allg. Deut. Biogr., Bd. XXXV. S. 37—41.

[166]) Prodromus Fol. 3.

[167]) POSTILLA MINORVM, | das ist / | die klainer Postill | vnd kürtzeste Außlegung | der hailigen Euangelien / so | auff die Suntäg vnd fürnembsten | Fest vom Aduent biß auf Ostern / | Catholisch geprediget worden. | Sambt etlichen besundern | Aduentspredigen | für die armen Priester vnd Hauß | uätter gestelt / durch F. JOHAN. NAS. | . . . M. D. LXXII. (460 fol.) (Ingolstadt).

[168]) Ebenda, fol. 381 b.

¹⁶⁹) **Hofzahlamtsrechnungen** von 1570. fol. 331 a verrechnen vier Gulden einem, der die „Centurias Nasl] dedicirt."

¹⁷⁰) QVARTA CENTVRIA, | das ist / | das vierdt hundert der vierfach Euangelischen war- | helt / In welchen das elendt Luter- ' thumb / dermassen geanatomiert | ist / also / daß man vil hundert / jha ; ein rechts Panatheon, allerley bösen | frücht / deß verfluchten Euangell- | schen Feygenbaums / zusamb gele- | sen / vnd behalten findt / wie ge- | schriben ist / hebet die Bro- ; cken auff / etc. | durch F. Joannem Naß, | dem | Joan Friderich Scelesto, D | edicirt.| Koloph. Ingolstadt M. D. LXX. (440 fol.) Fol. 379 b.

¹⁷¹) Daß Osiander an solche Verunglimpfungen seines Namens gewohnt war, siehe bei Flögel, Geschichte der komischen Litteratur (1786), Bd. III, S. 324, wo ihn der Karmeliter Michael Anisius „Hoserle" nennt. Übrigens gehört diese Verunglimpfung zur witzigen Polemik des Nas. Man vergleiche, wie er Georg Müller in seinem „Lovitha Catholicus" (Ingolstadt 1589) „Mülnarr. Mullo, Mülsack" u. s. w. nennt.

¹⁷²) Qvarta Centuria, fol. 75b.

¹⁷³) Ebenda, fol. 76 b.

¹⁷⁴) Ebenda, fol. 81 b.

¹⁷⁵) P. Johann B. Schöpf, Johannes Nasus (Bozen 1860) S. 25. 26.

¹⁷⁶) Qvarta Centuria, fol. 342 b.

¹⁷⁷) PAX VOBIS. | Ein Christliche Pre- | dig / von dem Fride vnsers lieben Herren | vnd Heylands . . . . . Getruckt zu Ingolstatt / durch Wolff- | gang Eder.| M. D. LXXXXII. (21 S.)

¹⁷⁸) Bayerische Bibliothek, Band 16. S. 69.

¹⁷⁹) Backer, Écrivains, IV, 232. — Allgemeine Deutsche Biographie, Bd. VII. S. 155.

¹⁸⁰) ANATOMIA | ANATOMIÆ SO- | CIETATIS | JESV, | SIVE ANTANATOMIA. | QVA INFAMIS ILLE LIBER | QVI SVB TITVLO Anatomiae Societatis JESV, | NVPER AB ANONYMO QVODAM ANATO- | mico furtim in lucem protrusus est, | Nunc | IN SVAS VERAS AC NATIVAS PARTES | secatur, & orbi Christiano membratim | conspiciendus proponitur | A | LAVRENTIO FORERO SOC : JESV THEOLOGO. | Cum Facultate Superiorum. | OENIPONTE, | Apud Joannem Gächium, Anno M. D. C. XXXIV. (266 S.)

¹⁸¹) Alter vnd Newer ' Lutherischer / Katzenkrieg von der Vbi- | quität, welchen die Lutheraner selbst | wider einander geführt / vnd noch | nit vollführt. | Darauß | Augenscheinlich erwiesen | wirdt / daß die Lutherische Kirch ein | falsche Kirch seye: weil sie in der Einigkeit / des Glaubens nit Eine Kirch ist. | Von | Laurentio Forer der Societät JESu ; S. S. Theol. Doctore, In Latein beschrieben / | vnd von einem Liebhaber deß Friedens vnnd der ; Einigkeit allen Lutheranern zur trewhertzigen | Wahrnung ins Teutsch versetzt / vnd zum | andermal auffgelegt. , Cum facultate Superiorum & Privileg. Caesareo. ; Zu Ingolstatt / bey Wilhelm Eder / | In Verlegung Caspar Sutors. | ANNO M. DC. XXIX. (500 S.)

Wie Forer warf sich auch der Münchener Jesuit Sigmund Ernhoffer (gest. 1597, Hurter, Nomenclator litterarius (1892 I, 71) auf Luthers Widersprüche in dem ungenannt erschienenen Büchlein: Der Euangeli- | sche Wetter Han: | Das ist: ; Vngleiche Reden / Martini Lutheri / | . . . . Ingolstadt, Wolf. Eder (1587) (321 S.), dem des Cochlaeus Luther ‚Septiceps' beigegeben ist.

¹⁸²) **H a e u t l e**, Genealogie des erlauchten Stammhauses Wittelsbach. (München 1870) S. 184. — **J a h r b u c h** f. Münch. Gesch., III, 99.

¹⁸³) PHILOXENI MELANDRI | Kunst Cammer / | Darauß | Etliche Stuck vnnd Muster ehrnrühriger | Calumnien vnd Lästerungen / wie auch contradi- | ctionen; verfälschungen / vnwarheiten für gezaigt werden / mit | welchen Philoxenus Melander in Actione Perduellionis, | Flagello Jesuitico, vnnd Anklag wider die | Jesuiter / | Jhr Bäpstl. Heiligkeit / Jhr Kays. Mayt. vnd andere | Potentaten / wie auch die alten Orden / vnd die Protestierenden | selbst / neben den Jesuitern vnverantwortlich lästert / vnd der gantzen ' Welt zu spott vnd schanden fürstellt. | Mit beygefügter kurtzer erklärung auß dem Anti-Me- | landro, oder Warnungs Schrifft / wider gesagten Me- | landrum außgefertiget | durch | LAVRENTIVM FORE- RVM, ¹ der Societet JESV Theologen. | Getruckt zu München / bei Nicolao | Henrico | M. DC. XXXIII. (24 S.)

¹⁸⁴) ANTI-MELANDER. | Das ist: | Warnungs Schrifft / | An die lieben Teutschen / warumb sie dem / der | sich Philoxenum Melandrum nennet / durchauß keinen | glauben sollen zustellen . . . . Auffgesetzt / vnd an Tag geben | durch | LAVRENTIUM FORERVM . . . . . Getruckt zu München / bey NICOLAO HENRICO | M. DC. XXXIII. (268 S.)

¹⁸⁵) Ebenda; Vorrede S. 14.

¹⁸⁶) Bericht / | Ob der Bapst zu | Rom der Antichrist sey / | . . . . . Ingolstadt (David Sartorius) 1585. (153 S.)

¹⁸⁷) Gründliche vnnd nothwendige | Ablainung | Der scharpffen vnd hoch- | schmächlichen Bezichtigung / das der Pabst | zu Rom der Antichrist scye. | Durch LAVRENTIVM FORERVM | Societatis JESV S. Theolog. D. . . . . Gedruckt in der Churfürstl: Hauptstatt Straubing | Bey Simon Haan | Im Jahr 1653. (34 S.)

¹⁸⁸) Ob es wahr sey / | daß auff ein Zeit | ein Bapst zu Rom Schwanger | gewesen / vnd ein Kind gebo- | ren habe? Gründtlicher Bericht . . . . . . (Ingolstatt, Sartor).

¹⁸⁹) Allgemeine Deutsche Biographie, Band XXIII. S. 595. — **G ö d e k e**, a. a. O. II 505.

¹⁹⁰) „Ein gar·grober gesell", meint der Konvertite **J a k o b R a b u s**. (S. Jahrbuch für Münchener Gesch. IV. Bd. S. 120.

¹⁹¹) Allgemeine Deutsche Biographie, Bd. XXIII. S. 93. Vor allem sein „Hosenteufel" (gegen die Pluderhosen), „Kleiderteufel", „Eheteufel". Gleichzeitig auch aus Frankfurt ein „Spielteuffel" (1564).

¹⁹²) S. **K o b o l t**, Baier. Gel. Lex., II, 150, 151, 152, 360. **J a h r b u c h** für Münch. Gesch., Bd. IV. S. 117. 118.

¹⁹³) Bayder Kirchen / der bei- | ligen vnd der Bößhafften / sampt dero | gilderen vndterschidliche erkanntnuß. | . . . Vuolffgangus Kirlandri öttingenn. | Ecclesie (sic!) militantis in tribulatione | socius conferebat. 1. 5. 38. (Koloph. Gedruckht zu München durch Andre Schobsser.)

¹⁹⁴) Was die Gmain Chri- | stelich vnd Appostolische Kirch für Trüb- | selkait / vnnd veruolgung von Tirannen / ' Ketzern vnd abtrinnigen / erlitten hat / auch von , der selbigen Tiranney / Secten / Irrungen / | leren / früchten / zwitrachten / vnd | auffruren von zeyten der | Appostel bißher | . . . . . . Wolfgangus Kirlandri Ottingenn. Ecclesie | militantis in tribulatione socius confe- | rebat 1539.

¹⁹⁵) Seine Werke sind ziemlich zahlreich. Auch beschäftigten ihn Uebersetzungen asketischer Schriften, wie des **K a s p a r L o a r t e s** „Geistlich Kempfer"

(Dillingen 1610), den Joh. Mayer dem Rate der bayerischen Stadt Landsberg widmete.

¹⁹⁶) Regelbüch | lin des heiligen vnd | fürtreflichen abts benedictl | Adam Walasser. | Tegernsee 1575.
Der Abt Quirinus zu Tegernsee wünschte diese Regeln deutsch von Walasser. Datum 12. Dezb. 1573. Tegernsee.
¹⁹⁷) Differentz- | Büchlin. | Von vnterschid etlicher | Teutschen Wörtter. Durch Adam Walasser / nach dem | ABC geordnet / vnd allen | Teutschen Schreibern / Buch- | truckern vnd Correctorn ' zudienst in Truck geben.... Tegernsee 1576.
z. B. beer / körner
ber / ein wildes thier.
¹⁹⁸) Schildt des Ca- | tholischen Glaubens. | Wider alle andern jetztschwen- | de Confeßion / Bekanntnuß / Rotten | vnd Secten / vast nutzlich zu lesen / vnd | durch Adam Walasser von | Vlm in Truck | geben...... Dillingen. Seb. Mayer. 1569. (168 fol.)
¹⁹⁹) Jahrbuch f. Münchener Geschichte. Bd. IV. S. 100. — K. v. Prantl, Geschichte der Ludwig-Maximilians-Universität (München 1872), II, 490. 491.
²⁰⁰) Jahrbuch f. Münch. Gesch., Bd. IV. S. 120. — Allgemeine Deutsche Biographie, Bd. XXVII. S. 95.
²⁰¹) Kobolt, Baier. Gel. Lexikon. I. 646.
²⁰²) In einem Sammelbande der kgl. Hof- und Staatsbibliothek zu München (8⁰ Mor. 947b.)
²⁰³) Der Teut- | schen Spie- | gel. | Der Teutschen Spiegel bin ich gnant || Wer ich den Teutschen recht bekannt / | So stünds vil baß Im Teutschen land / — Wol dem der mich ließt mit verstand. | M. D. LXIII. (40 ungezählte folio).
²⁰⁴) Siehe hierüber bei Gödeke, II, 458. (Achtes Kapitel).
²⁰⁵) Siehe einiges in meinem Artikel über den Humanismus im Jahrbuch, Bd. IV (1890)(117—124). — Nach einer Richtung hin ist zu vergleichen J. Diefenbach. Die lutherische Kanzel (Mainz 1897); dazu Histor. Polit. Blätter, Bd. 101, S. 180.
²⁰⁶) I. v. Döllinger. Über die Wiedervereinigung der christlichen Kirchen. (1888) S. 64.
²⁰⁷) A. a. O., II, 485.
²⁰⁸) Gewisser Notturftiger Beschlag .... 1571.
²⁰⁹) Widerlegung der groben ... Lügen ... 1570.
²¹⁰) Zwey vnd zwaintzig Vrsachen | des wolgelehrten vnd fürnemen M. Sebastiani Flaschij von | Mansfeldt. Warumb er die Lutherisch Ko- | tzerey / darinn er geboren / vnd von Jugend | aufferzogen / verlassen hab ..... München, Adam Berg, 1584.
²¹¹) Anti-Melander S. 17.
²¹²) Siehe meinen eingehenden Artikel über Aegidius Albertinus im zweiten Jahrgange des Jahrbuches für M. Gesch., S. 13—87. (1888).
²¹³) Münchens Geschichte (1158—1806). Ein Kommentar zu Karl von Pilotys Kolossalgemälde im neuen Rathaus zu München. Mch. 1882. S. 30.
²¹⁴) Jahrbuch f. Münchner Geschichte, II, S. 27.
²¹⁵) Der Name Glöckler ergiebt sich aus der Reihe der Äbte von Oberaltaich in den Monumenta Boica, Bd. XII. S. 3 (1775), wo Christophorus Glöckler als solcher (von 1593—1614) aufgeführt ist. Daß dieser Abt Christo-

phorus sein Schwager ist, sagt die Widmung eines Buches (1599). 6. Jahrbuch
f. Münchener Geschichte II, 19.
[216]) Lucifers Königreich vnd Seelengejaidt. Von Aegidius Albertinus.
Herausgegeben von Rochus Freiherrn von Lilieneron. (26. Band von
Jos. Kürschners Deutsche National-Litteratur). Berlin und Stuttgart (Spemann) VIII—XX.
[217]) Ebenda, V.
[218]) S. Asg. von Zarncke, s. a. O., S. CXVI.
[219]) S. Müllers Allgemeines Künstlerlexikon. 2. Afl. von A. Seubert
(Stuttgart 1878), II Bd. S. 337.
[220]) Der Welt Tummel: vnd Schaw ¦ Platz. | Sampt der bitter : süssen Warheit. ¦ Darinn mit einführung | viler schöner vnd fürtrefflicher Discursen / nit |
allein die Natürliche / sondern auch Moralische vnd sittliche | Eigenschaften vnd
Geheimnussen der fürnemmsten Crea- , turen vnd Geschöpf Gottes sehr lustig /
Geist : vnd Politi- ¦ scher Weiß erklert / vnd auf die Weltläuf ¦ bezogen werden. |
. . . . München 1612. (1048 S.)
[221]) Popular Treatises on Science written during the middle ages . . . . .
edited . . . by Thomas Wright (London 1841). S. 81.
[222]) S. Adolfo Bartoli, Geschichte der italienischen Litteratur. Autorisierte deutsche Übersetzung von K. v. Reinhardstöttner. Lpz. (Leop. Voß).
Bd. I, S. 143.
[223]) Hängart = Heimgarten, Zusammenkunft. (Schmeller-Frommann,
Bayerisches Wörterbuch. Mch. 1872. I, 938.) — Gunkel = Rocken (Ebenda
I, 923).
[224]) S. Bartoli, a. a. O., S. 47 ff. u. 135 ff.
[225]) Ebenda, S. 75.
[226]) Erschröckliche doch warhaffte | Geschicht / ¦ die sich in der Spanischen |
Statt Madrileschos genannt / mit einer verheu- | raten Weibßperson zugetragen /
welche von einer | gantzen Legion Teuffel siben Jar lang besessen gewest . . . . .
Getruckt zu München / durch Nicolaum Henricum / Im Jar M. DC. VIII.
[227]) Warhafft : vnd gründt- ¦ licher Bericht / sehr wunderlich : vnnd gleichsam
vnerhörter Geschichten / so sich vn- ¦ langst zu Bergen in Henogau / Ertzbisthums
Cambrai, ¦ mit einer beseßnen / vnd hernach widerledig | ten Closterfrawen verloffen. | Auß Frantzösischer Sprach / in Hochdeutsch ge , bracht. ANNO M. D. LXXXIX.
47 fol. (Koloph. München. Adam Berg).
[228]) Poésies inédites du moyen âge, précédées d'une histoire de la fable
Ésopique par M. Édélestand du Méril. (Paris 1854) S. 217.
[229]) Lucifers Königreich. S. 92.
[230]) Bartoli, a. a. O, S. 143.
[231]) Der Teutschen recreation oder | Lusthauß/|darinn das Leben der | allerfürnembsten vnd denckwürdigksten | Mans : vnd Weibspersonen / so von anfang
der Welt | hero gelebt / sambt deme was sie sonderbares geredt oder begangen / |
Vnd was sich sonsten in der Welt jedesmal für seltzame vnnd wun | derbarliche
Händel vnd veränderungen Im Geist : vnd Welt- | lichen / begeben vnd zugetragen haben . . . . München 1612. (Teil I. II. III, 1125 S.; Teil IV 420 S.)
[232]) S. Jakob Burckhart, Die Kultur der Renaissance in Italien. (Basel
1860) S. 193.

²³³) J. Janssen, a. a. O. I, 2 ff. — Vgl. auch Jahrbuch für Münch. Gesch. Bd. III. S. 81.
²³⁴) J. Jansen, a. a. O. I, 3.
²³⁵) Jahrbuch für Münchener Gesch., Bd. III. S. 75. 91 — Zur Legende vgl. Ernst Kuhn, Barlaam und Josaphat. Eine bibliographisch-litterargeschichtliche Studie. 1893. (88 S.) Akad. Abhdl. I. Kl. 20 Bd. I. Abt.
²³⁶) Jahrbuch. f. M. G., Bd. III. S. 53. 93--97.
²³⁷) Der Welt Thurnierplatz, S. 299.
²³⁸) K. Th. Wenzelburger, Geschichte der Niederlande (Gotha). (I. Bd. 1879. II. Bd. 1886.) Bd. II. S. 807.
²³⁹) Der Welt Thurnierplatz (1614). S. 10.
²⁴⁰) Lucifers Königreich und Seelengejaidt (Asg. von Liliencron (S. 371).
²⁴¹) Der Welt Thurnierplatz. S. 300.
²⁴²) Lucifers Königreich. S. 50.
²⁴³) Ebenda. S. 15.
²⁴⁴) Weiblicher Lustgarten. fol. 36 b.
²⁴⁵) Der Welt Thurnierplatz S. 301.
²⁴⁶) Christl Königreich und Seelengejaldt (1618) S. 370.
²⁴⁷) Lucifers Königreich. S. 107.
²⁴⁸) Ebenda. S. 272.
²⁴⁹) S. über diesen J. Janssen, a. a. O. I, 3 ff. und Paul Joachimsohn, Gregor Heimburg. (Bamberg 1891). S. 16, 146 u. ö.
²⁵⁰) Antonii | de Guevara | ... Opera omnia | Historico- | Politica.) (1644.) I. S. 1.
²⁵¹) Lucifers Königreich. S. 293, 294.
²⁵²) Ebenda. S. 121.
²⁵³) Ebenda. S. 148.
²⁵⁴) Guevara, Opera omnia I. 73; III, 150.
²⁵⁵) Lucifers Königreich. S. 149.
²⁵⁶) Der Welt Thurnierplatz. S. 107.
²⁵⁷) Guevara. Opera I, 119, 120, 155.
²⁵⁸) Lucifers Königreich. S. 150.
²⁵⁹) Der Welt Thurnierplatz. S. 181, 882.
²⁶⁰) Schrepfköpfe. (Schmeller — Frommann I, 1275.)
²⁶¹) Vgl. auch Guldene Sendschreiben. I, 102.
²⁶²) Der Welt Thurnierplatz. S. 185, 186.
²⁶³) Ebenda. S. 296 u. s. w.
²⁶⁴) Der Teutschen recreation. S. 178, 179, 190.
²⁶⁵) Der Welt Schaw- und Tummelplatz. S. 851.
²⁶⁶) Ebenda. 593.
²⁶⁷) Der Welt Thurnierplatz. S. 171, 172.
²⁶⁸) Lucifers Königreich. S. 300.
²⁶⁹) Weiblicher Lustgarten. (1615.) Fol. 112 ff.
²⁷⁰) Lucifers Königreich. S. 92.
²⁷¹) Ebenda, S. 223.
²⁷²) Ebenda, a. a. O.
²⁷³) Guevara. opera I, 141.
²⁷⁴) Weiblicher Lustgarten, fol. 283 b.

²⁷⁵) Ebenda Fol. 28a
²⁷⁶) Lucifers Königreich, S. 120; fast mit denselben Worten: Weiblicher Lustgarten, fol. 83b u. ö.
²⁷⁷) Weiblicher Lustgarten, fol. 81b.
²⁷⁸) Ebenda. fol. 82a.
²⁷⁹) Ebenda. fol. 93b.
²⁸⁰) Lucifers Königreich. S. 126.
²⁸¹) S. Jahrbuch f. Münchener Geschichte, Bd. IV. S. 67 ff., wo sich überhaupt alle Ideen des Albertinus über das Weib finden.
²⁸²) Weiblicher Lustgarten, fol. 231a. Vgl. auch Guevara, Opera, I, 101, 118, 132, 133. — Institutiones aulicae (1600). S. 62, 70, 174.
²⁸³) Weiblicher Lustgarten. fol. 196a.
²⁸⁴) Ebenda. fol. 221a.
²⁸⁵) Ebenda. fol. 222b.
²⁸⁶) Lucifers Königreich. S. 303.
²⁸⁷) Weiblicher Lustgarten. fol. 109a.
²⁸⁸) Ebenda. fol. 116b.
²⁸⁹) (V. 573) ed. Nauck . . . χρῆν ἄρ' ἄλλοθέν ποθεν βροτούς
παῖδας τεκνοῦσθαι, θῆλυ δ'οὐκ εἶναι γένος·
χοὔτως ἄν οὐκ ἦν οὐδὲν ἀνθρώποις κακόν.
²⁹⁰) Weiblicher Lustgarten, fol. 172a.
²⁹¹) Gusman (Asg. v. 1615), S. 340.
²⁹²) Lucifers Königreich S. 94.
²⁹³) Ebenda. S. 95. 96.
²⁹⁴) Weiblicher Lustgarten, fol. 105a.
²⁹⁵) Lucifers Königreich, S. 199. Gusman (Asg. v. 1615), S. 476 u. ö.
²⁹⁶) Gusman, Kap. 57. Vgl. auch Guevara, (1604). De Conuiuijs, fol. 84 ff.
²⁹⁷) Gusman, S. 489 (Asg. v. 1615).
²⁹⁸) Weiblicher Lustgarten, fol. 99 ff.
²⁹⁹) Ebenda. fol. 102a.
³⁰⁰) Ebenda. fol. 111a.
³⁰¹) Lucifers Königreich, S. 91.
³⁰²) Weiblicher Lustgarten, S. 98.
³⁰³) Ebenda. S. 109. — Eingehender ist das Für und Wider der Ehe kaum irgendwo besprochen worden, als in den (606 enggedruckte Seiten umfassenden) SYLUAE NU- | PTIALIS | LIBRI SEX. | . . . . . Joanne Neulzano Astensi, Jurisconsulto | clarissimo, Authore. LUGDVNI 1572. († 1549; N. Biogr. g. XXXVII, 825.)
³⁰⁴) Weiblicher Lustgarten, S. 18.
³⁰⁵) Guevara Opera, I, 43 ff.
³⁰⁶) Ebenda. I, 129.
³⁰⁷) Weiblicher Lustgarten, fol. 72a.
³⁰⁸) Christi vnsers HErrn Königreich vnd Seelengejaidt (Mch. 1618) S. 158: „Dann obschon die Eheleut sich durch die eheliche Werck nit tödtlich versündigen, so können sie doch von wegen der hitzigen und vbermessigen Begirlichkeit sich der läßlichen Sünd schwerlich enthalten."
³⁰⁹) Weiblicher Lustgarten, fol. 73a.
³¹⁰) Allerdings eifert Albertinus heftig gegen das zu frühe Heiraten in „Lucifers Königreich", S. 257. 258.

311) Weiblicher Lustgarten, fol. 78 a.
312) Lucifers Königreich. S. 269.
313) Weiblicher Lustgarten, fol. 15 a.
314) Haußpolicey (1602) fol. 140. — Jahrbuch f. Münch. Gesch., III, 287.
315) Weiblicher Lustgarten, fol. 15 b.
316) Ebenda. „Von der eytelen vbung des tantzens" (IV, 2) fol. 204—207.
317) Sonderbare = besondere, eigene (Schmeller-Frommann II, 308).
318) Lucifers Königreich. „Von den närrischen Tantzeren", S. 210—215.
319) Der Welt Thurnierplatz: „Von Tantzern", S. 275—278.
320) Ebenda. S. 275.
321) Lucifers Königreich, S. 91.
322) Weiblicher Lustgarten, fol. 204 b.
323) Lucifers Königreich, S. 201—203. Vgl. auch Jahrb. f. M. Gesch., II. S. 13.
324) Lucifers Königreich, S. 218.
325) Weiblicher Lustgarten, Cap. V. fol. 34 ff.
326) Ebenda, fol. 14 b.
327) Christi Königreich vnd Seelengejaidt, S. 417.
328) Lucifers Königreich, S. 7—26.
329) Der Teutschen recreation. IV. Tell, S. 511.
330) Lucifers Königreich. S. 364.
331) Der Welt Thurnierplatz, fol. 274 b (eigentlich, da falsch paginiert, 284).
332) Geschichte des achtzehnten Jahrhunderts. 2. Aufl. 2. Bd. S. 229.
333) Vgl. Forschungen, Band I, S. 1.